丸山眞男

課題としての「近代」

中島道男

東信堂

はしがき

日本政治思想史の大家である丸山眞男――。私が関心をもったのは、大学受験時代の模試か何かで「「である」ことと「する」こと」に触れたときではなかったか。

とはいえ、研究のうえで丸山を意識し出したのは、デュルケム社会理論を〈制度〉理論として読み解く作業をおこなっていたときである。『日本政治思想史研究』所収の第二論文「近世日本政治思想における「自然」と「作為」――制度観の対立としての」は、私のデュルケム研究に大いに示唆を与えてくれた。デュルケムの〈制度〉の位置づけに、丸山のいう自然／作為の二つの制度観は有効であると考えたわけである。

デュルケム研究の後、私はバウマン論に取り組んだ。デュルケムと比較しつつ、バウマンを読んでいったのである。バウマン論のあとは、アレント論に取り組んだ。アレント論では、デュルケム、バウマンとの比較を意識した。このたびの丸山論は、このバウマン論、アレント論を踏まえている。

デュルケム研究以降の私の研究とこの丸山論にどのようなつながりがあるかと訝る向きもあるかもしれないが、私自身のなかでは大いに必然性がある。それは、他者の重要性という論点との関わりである。デュルケムとの対比でバウマンを扱って以降、私は個人の存在にとっての他者の重要性ということに関心をもっている。バウマンやアレントの基礎にあるのは、他者の重要性ということとであると考えている。そうした観点からバウマンやアレントの思想をとらえてみようと思ったのである。バウマンの場合、デュルケム道徳論を批判しつつ、新たな道徳性理論をレヴィナスに依拠するなかで提示した。ホロコーストを批判しうる境位に立ちうるためには、積極的に道徳化する力としての社会という社会＝道徳観をとるデュルケムは批判されなければならない。社会は個人の道徳性を眠らす力として働く可能性があるので、今や、道徳性は個人に求められなければならない。そこで援用されたのがレヴィナスであった。

アレントへの関心は、〈複数性の思想家〉アレントへの関心である。それは、バウマンへの関心から直結するものであった。

さて、丸山への関心についてである。バウマン、アレントを他者の重要性という観点からまとめてみて、その延長線上で丸山がとらえられるのではないかと思ったのである。私の丸山論は、他者感覚の重要性を主張する丸山に焦点をあてて、そこから丸山の思想世界をとらえようとしたものである。丸山といえば、近代主義の旗手で、近代的主体の主唱者であるとされる。この意味合いそれ自体についてきちんと理解する必要があり、近代的主体の主張にしても、他者の重要性との関連でとらえられていることを軽視してはならないのではないか。近代的主体の主張などもはや時代遅れである、と切り捨てることは容易である。しかし、それは流行を追った、安易な姿勢ではないのか。

これまでの私の研究を踏まえて言えば、個人について、他者たるかぎりでの他者をとらえているか否かに関わる区別としての同一性／複数性、それに関連した、社会に関わる区別としての共同性／公共性の二つの対比のうち、それぞれの後者である複数性＝公共性という文脈で丸山の思想をとらえることができるのではないか、という発想である。他者たるかぎりでの他者を重視する立場においては、社会はそうした複数の他者が相互に関係しあうものとしてとらえられる（中島一九一―九二頁）。ここでは、公共性は次のようにとらえられている。――「公共性は複数のものが存在していること、そして、それらがたんに併存するのではなく、相互に交渉しあう関係――それはつねに協働だけではなく抗争をも含んでいる――にあることを真剣に受けとめ、それらのいずれかが周辺的なものとして扱われたり、排除されたりすることに抗するところに成立する」（齋藤 ii 頁）。自己とは異なる存在である他者が自己の存在にとっては重要であり、自己とそうした他者とが関係を作っているという自己＝社会像にほかならない。バウマンもアレントも、この自己＝社会像にくくられるし、丸山もこうした像を提示しているというのが私の丸山像である。

バウマンがアレントを引き合いに出しつつ述べていることが、大いに参考になる。バウマンは、アレントのレッシング論に注目し、「暗い時代」の哲学者としてのレッシングにとっては、人間の多様性（diversity）があるから兄弟殺しがおきるのではなく、人間の多様性の拒否こそが兄弟殺しにつながるという論点を取り出している（Bauman and Obirek pp.111―12）。

〈複数性の思想家〉であるアレントの主張を、彼女自身の言葉で再確認しておこう。

「レッシングの偉大さは、人間世界の内部では唯一の真理は存在しえないという理論的洞察を持っていたということだけにあるのではなく、それが存在しないことを喜び、したがって人々の間の無限の語りあいは、いやしくも人間が存在するかぎり決して終ることがないであろうということを喜んでいたことにもあるのです。唯一絶対の真理がありうるとするなら、それはあらゆるこうした論争が死滅することになるでしょう。〔中略〕かれにとって論争の死は人間性の終焉を意味したでしょう」（Arendt p.27: 五〇―五一頁）。これは、アレント自身の思想でもあった。アレントは、以下のように述べている――。

「レッシングは完全に政治的人間であったからこそ、語りあいによって人間化されたところにのみ、あるいは各人がまさにそのときかれに何が起こったかをではなく、かれが何を『真理とみなす』かを語るところにのみ、真理は存在しうると主張したのです。しかし、こうした語りあいは実際ひとりでは不可能です。それは、多くの発言が存在しているような領域、かつ各人が何を『真理とみなすか』についての言明が人々を結合するとともに分離しているような、すなわちそれが世界を構成している人々の間に事実上ある距離を確立しているような領域に属するのです。こうした領域の外部にあるあらゆる真理は、それが人々に善をもたらそうと悪をもたらそうと、文字通り非人間的なものです。それが人々を相互に対立させ、人々を離反させるおそれがあるからではありません。むしろ、それが突如としてすべての人間を単一の意見に結びあわすような結果を生み出す恐れがあるからであり、その結果、無限の多様性を持った人々ではなく、単数の人間、一つの種族とその類型だけがこの地上に住んでいるかのように、多数の意見のなかの一つだけが浮き上がることになるからです。こうしたことが起これば、あらゆる多様性を持った人々の間の空間においてのみ形成されうる世界はまったく消滅するでしょう」（pp.30—31: 五五—五六頁）。

アレントのこのレッシング論には、〈複数性の思想家〉アレントのエッセンスが詰まっているのではないだろうか。そして、現代社会をセンシティブにとらえるバウマンは、まさにこの点に注目していたのである。——人間の多様性（diversity）こそが平和や連帯の前提条件になる（Bauman and Obirek p.112）、と。バウマンとアレントへの私の関心は、このようにストレートに丸山への関心につながっている。

ただし、同じ像を提示しているとはいえ、当然、その思想世界は異なる。その異なった思想世界にこそ関心があるのである。前述のかぎりでは同じ自己＝社会像に立脚しつつも、どのように異なった思想を展開しているか、まずはそこをとらえないといけない、ということである。他者を理解することは容易ではない。簡単に総括などしてはなるまい。

なお、本書は、丸山の歴史分析が妥当かどうかは、関心事ではない。私の能力を超えている。社会学理論に関心をもつ者として、先の論点を中心に、ポジティヴにとらえられるかぎりでの丸山の思想をとらえていくことになる。社会学者による丸山論としては、竹内洋のものがある。竹内は、

「丸山の言説を個人のものとして分析する（せまい意味での）思想研究ではなく、戦後の大衆インテリの世界の中で丸山の言説を読み解く知識社会学あるいは社会史的アプローチによって戦後日本論を書いてみたい」（竹内 二〇〇五 三一七頁）としている。竹内の知識人論は、ブルデュー流の、「知識人の言説（文化的生産物）や実践を知識人の差異化戦略としてみる」（竹内 二〇一二 二二五頁）ものである。竹内のスタンスとの関連でいえば、本書の丸山論は、「丸山の言説を個人のものとして分析する思想研究」ということになろう。

丸山は「思想史の考え方について」（一九六一）において、過去の思想の読み方について次のように述べている。「過去の伝統的な思想の発掘を問題にする場合に、われわれはその思想の到達した結果というものよりも、むしろその初発点、孕まれて来る時点におけるアンビヴァレントなもの、つまりどっちにいくかわからない可能性、そういったものにいつも着目することが必要でありますと」（集⑨七六頁）、と。これに対置されているのが、「到達した結果だけから判断する」読み方である。これは「現在での結果から過去の思想を判断していく」ものであり、「アリストテレスは偉かったけれども量子力学を知らなかった点に限界があった」という論法になりかねない。こうした読み方を否定して、丸山は、「その時にどういう問題があったか、またなかったか、そしてその問題にはその当時に同時代人がどれだけの幅で、どれだけの深さで答えていたか、が問題なのであって、そういう歴史的文脈のなかで比較してはじめて、ある思想家の相対的な『独創性』とか、あるいは相対的なマイナス面とかを論ずることができます」（七七頁）とするのである。ここで述べられているのは思想史の考え方ではあるけれども、思想史にかぎらず古典の読み方として一般化してよいだろう。丸山の主張の基本にあるのが、過去と現在の距離を安易に飛び越えてはならないということだとすると、古典の読み方として、現在の〈問題〉への解答を求めるためではなく、いかにその〈問題〉を立てるかについて学ぶべきだという主張といえるのではないか。本書の丸山論は、少なくとも著者の意図としてはそうした試みである。

本書は以下のような構成になっている。

第一章「丸山眞男の現代的意義とは何か」においては、どうしても踏まえておかなければならない、丸山に対してなされてきたいくつかの批判、あるいは丸山の意義につながるような現代の諸問題をとりあげ、どこに焦点をあてたら丸山の現代的意義を浮かびあがらせることができるかについて検討している。そこで明らかになった課題・論点・テーマ等が、第二章以下で論じられる。

第二章「「近代」という課題」は四部に分かれている。丸山の最大のテーマは日本の「近代」をいかにとらえるかであり、その「近代」の核となるものが「自由なる主体」であるという考えにもとづき、この「自由なる主体」がいかなるものかを正確にとらえると同時に、その成立を阻むものが何かについての丸山の主張を跡づけようとした。

第三章「知識人と社会批判」は、丸山の「近代」にたいするとらえ方との関連で、知識人としての丸山の社会批判のスタンスについて論じたものである。

第四章「デュルケムにおける「国家―中間集団―個人」プロブレマティーク」は、社会学者デュルケムの国家論を、いくつかの日本社会論との関連で論じたものである。デュルケムのこの議論は丸山を論ずるにあたっても有意義であろうという発想にもとづいている。「丸山結社論への前奏」という副題をつけた所以である。

第五章「自発的結社論」は、第四章を踏まえて、また「自由なる主体」との関連で、丸山のなかの、国家、中間集団＝結社、個人の関連を論じたものである。丸山への社会学者の影響ということなら、ウェーバーかマンハイムがまず考えられるだろう。丸山がデュルケムに言及したことはあるにはある。しかし、それはいわば通りすがりにすぎない。ここでデュルケムを持ちだすのは、したがって影響関係という観点からではない。解読格子として用いているのである。デュルケムは、丸山の解読格子として使い勝手がよいことを提示すると同時に、それを踏まえて丸山の議論を正確に理解しようとした。

【文献】

Arendt, H., 1968, *Men in Dark Times*, Harcourt Brace, 1983:『暗い時代の人々』（阿部齋訳）ちくま学芸文庫、

二〇〇五年
Bauman, Z. and K. Obirek, 2015, *Of God and Man*, Polity
中島道男二〇一五『ハンナ・アレント――共通世界と他者』東信堂
齋藤純一二〇一〇「まえがき」、齋藤編『公共性の政治理論』ナカニシヤ書店
竹内　洋二〇〇五『丸山眞男の時代――大学・知識人・ジャーナリズム』中公新書
竹内　洋二〇一二『メディアと知識人――清水幾太郎の覇権と忘却』中央公論新社

目次／丸山眞男――課題としての「近代」

第三章　知識人と社会批判　135

凡例

*丸山眞男のテクストは、以下のように略記し、引用箇所は本文中に示す。

集　:『丸山眞男集』全一六巻・別巻、岩波書店、一九九五—九七年
たとえば集③のように、巻数については○付きの数字で示す。巻数の表し方は以下同様。
なお、論文の発表年は、引用直前の本文に記載のない場合、各章初出で示した。以下同様。
別集:『丸山眞男集別集』(東京女子大学丸山眞男文庫編)第一巻—第三巻、岩波書店、二〇一四—一五年
座談:『丸山眞男座談』全九巻、岩波書店、一九九八年
講義:『丸山眞男講義録』全七冊、東京大学出版会、一九九八—二〇〇〇年
書簡:『丸山眞男書簡集』全五巻、みすず書房、二〇〇三—〇四年
対話:『自己内対話——三冊のノートから』みすず書房、一九九八年
自由:『自由について——七つの問答』(聞き手:鶴見俊輔・北沢恒彦・塩沢由典)編集グループ〈SURE〉、二〇〇五年
回顧:『丸山眞男回顧談』(松沢弘陽・植手通有編)上・下、岩波書店、二〇〇六年
話文:『丸山眞男話文集』(丸山眞男手帖の会編)1—4、続1—続4、みすず書房、二〇〇八—〇九年、二〇一四—一五年
たとえば話文続②は『丸山眞男話文集』続2を示す。(なお、『話文集』からの引用は「続シリーズ」からのみ。)

*同一論文等からの引用が続く場合は、頁数のみを示す。

*引用文中の〔　〕は引用者による補足である。

丸山眞男——課題としての「近代」

第一章　丸山眞男の現代的意義とは何か

1 「近代」への批判から評価へ？

丸山は、東京帝国大学法学部在学中のとき、「政治学に於ける国家の概念」（一九三六）という論文を発表している。この論文は、東京帝国大学法学部緑会の懸賞論文として、南原繁教授が出題した「政治学に於ける国家の概念」という課題に応えて書かれたものである。

小熊英二は、この論文では「近代」が批判されていたが、その後、丸山は評価を変えた、という見方をしている。——「最初に確認しなければならないのは、丸山の『近代』にたいする評価が、戦争を境に変化していることである。丸山は戦後には近代化を説いたが、戦前の一九三六年には『近代』を批判する論文を書いている」（小熊 七〇頁）。これが小熊のとらえ方である。

たとえば一九四六年の「近代的思惟」論文で丸山はこう書いていた。

私はこれまでも私の学問的関心の最も切実な対象であったところの、日本に於ける近代的思惟の成熟過程の究明に愈々腰をすえて取り組んで行きたいと考える。従って客観的情勢の激変にも拘わらず私の問題意識にはなんら変化がないと言っていい。(集③三頁)

たしかに、ここでは「近代」は(プラス)評価されている。「これまでも私の学問的関心の最も切実な対象であったところの、日本に於ける近代的思惟の成熟過程の究明」というのは、もちろん、一九四〇年〜一九四四年にかけて書かれた、『日本政治思想史研究』に結実する諸論文(とりわけ、「近世儒教の発展における徂徠学の特質並にその国学との関連」「近世日本政治思想における「自然」と「作為」」)のことである。小熊が「戦争を境に変化している」というのは、この『研究』所収の諸論文は、変化した後のものとして位置づけられているのだろう。三六年論文は変化前の時期のものになる。ちなみに、三七年の日中戦争を画期とみれば、このとらえ方に問題はないだろう。とはいえ、小熊の議論にしたがえば、出発点では「近代」批判をしていたのであるから、「客観的情勢の激変にも拘わらず私の問題意識にはなんら変化がないと言っていい」という丸山の言葉にはごまかしがあるということになろう。何ら変化がないのではなく、大いに変化したのではないか、ということになる。もちろん、自己説明には、誰の場合であれ、正当化・合理化がともなうことはしばしばあることではある。丸山のこのケースもそうなのか?

しかし、三六年には批判していた「近代」を四六年ではプラスに評価しだした、つまり「近代」の評価が逆転したということであろうか？　そうは思われない。

本章では、まず、丸山の出発点での認識がいかなるものであったかをきちんととらえ、それがその後の丸山の立場といかなる関連があるかについて検討していく。丸山が「どういう考え方をいわば『所与』として〔中略〕研究生活に入ったか」（「政治学に於ける国家の概念」（後記）（一九七六）集①三二頁）について、検討しようということである。

2　緑会論文の位置づけ

まず、三六年論文の主張を確認する。小熊の指摘が正しいかどうか――。

「近代的な思惟態度」（集①七頁）、「近代的思惟様式」（一六頁）、「近代的思惟方法」（二四頁）という言葉が出てくる。ここでいう「近代的」は、「存在と価値とを峻別し、抽象的普遍化によって客観性を獲得しようとする」（七頁）という点や「静止的・図式的・抽象的・形式的性質」（二四頁）としてとらえられている。これは、「合理主義的実証主義」とまとめられる「思惟様式」であり（一二頁）、「具体を抽象へ、特殊を普遍へ、質を量へ」と「合理主義的還元」をするものである（一一頁）。

この思惟様式が照応しているのは「市民社会《ビュルゲルリッヘ・ゲゼルシャフト》」である（一〇頁）。そして、市民社会はヘーゲルのいう「欲望の体系」であり、「経済社会」、「商品生産社会」である。ここでは、「各人はひとえに個人的欲望のために生産する」ので、「この社会に於ては結合を可能ならしめる社会的規制」が決定的に重要となる。そこで出てくるのが「国家権力」の重要性である（一〇―一一頁）。「市民社会の基礎構造とそれに照応した思惟様式の上に法・政治・学芸等の市民的文化形象が開花」するし、「個人主義的国家観もここに胚胎する」とされている（一二―一三頁）。

三六年論文のメインテーマは、この個人主義的国家観への批判、および（後ほど議論することになるが）そこから派生するファシズム国家観への批判である。では、この個人主義的国家観とはいかなるもので、いかなる点が批判されているのだろうか。

個人主義的国家観は、「あらゆる社会的拘束から脱却した自由平等な個人――それは当然に抽象的存在であって肉体性を欠いている――を最後的な実在と看做し、一切の社会関係をばその個人の相互関係から説明し、その相互作用の円滑を確保する唯一の保証を国家主権に求める如き国家理論」の総称である（一三―一四頁）。この国家観は、最後的な実在としての個人との関係で国家をとらえるものである。

個人主義的国家観は中世的な国家観を否定して登場したものである。この中世的国家観は、「個人ではなく社会的団体――教会・ギルド・村落共同体――等から出発し、こうした団体の階序《ヒエラルキー》の頂上に国家を置く。だからそこでは国家は直接個人に接触せずに必ず団体が両者の媒介となる（いわゆる仲介勢力――pouvoirs intermédiaires――）。そうして国家はかかる諸団体の団体（a community of communities）とされる」（一四頁）。

このように対比してみれば分かるように、「個人主義的国家観はまさにこの仲介勢力の否定をその核心とする」（一四頁）。「ここでは一切の社会的団体はその自主性を奪われ、一方には原子的な個人に、他方には法・国民《ナシオン》乃至普遍意思《ボロンテ・ジェネラール》など種々の名で呼ばれる国家主権に吸収されてしまう」（一四頁）。仲介勢力は、より一般的な名称でいえば、二次的集団であり中間集団であろう。この中間集団が否定されているかどうかが、中世的国家観と個人主義的国家観とを区別するメルクマールとなる。さらに後の議論を先取りしておけば、中間集団の自主性をいかに担保するかということも浮上してくる素地がここにあるといえるが、それをみる前に、個人主義的国家観とファシズム的国家観との関連についてもみておく必要がある。

丸山によれば、ファシズム的国家観は個人主義的国家観の発展したものにほかならないとされる（一八頁）。世界資本主義が金融資本の段階に入り、市民社会の基本的特質である自由競争が独占に転化したのにともなって、産業資本の時代とは異なり、金融資本は国家権力を積極的に要望するようになる。このことは、社会運動の急激な発展によっても促進される。反市民的組織の興隆は市民層の安眠を妨げるからである。この二つによって、市民層と国家権力とが急速に接近したのである（一九―二〇頁）。こうして、個人主義的国家観に内在していた万能国家の思想は急激に発展し、個人主義的国家観から脱却し、中世的浪漫的国家観を身にまとうことによってその母体の否定態に転化することになる。それがファシズム国家観なのである（一八頁）。

ファシズムは中間層の運動として出発しながら結局は独占資本の極度に合理化された寡頭支配に落着くという宿命を担っている。だから一方の極に絶対的な国家主権、他方の極に一様に均らされた国民大衆というのがその真実の様相であって、畢竟それは市民社会の本来的な傾向の究極にまで発展したものにほかならない。（二六頁）

しかし、このことを中間層が自覚することは支配層にとって致命的なので、「国民を位階的に組織立てる」ことが目指される。「中間層の自負的な心理を満足させようとする」ためである。さらに、「ファシズムは労働層の自主的組織を最も恐れる」（二六頁）。この二つからでてくるのが「組合国家」である。これは、「階序的国家《ヒエラルキー》」であり、「中世国家の模倣」である。

が、ファシズム国家と中世国家はやはり異なる。どこが異なるかが、議論のポイントとなる。

しかし基本的に市民社会の構造に制約されているファシズム国家に於て如何にして団体《ゲノッセンシャフト》の自主性――市民国家はその否定を核心とする――に基づく中世国家を再現しえよう。結局かか

る組合はたかだか国家主権の絶対性と衝突しない範囲に於て存在を許されるに過ぎない。（二六頁）

「等族」の自主性を純粋に貫くならばそれは到底市民社会の現実――強度の集中権力――と相容れない。（三〇頁）

この丸山の指摘を一般的なかたちで述べるとすれば、ファシズム国家においては中間集団の「自主性」は存在せず、「国家主権の絶対性」の枠内でだけその存在を許されるということである。したがって、ファシズム国家と中世国家は両立するはずがない。ファシズム国家は、中世国家を否定して登場した個人主義的国家観の発展にほかならないのである。

少し先走っていえば、ファシズム国家をあくまで批判する立場であるならば、中間集団の自主性が、中世国家観とは異なるかたちで確保されなければならないという論点が出てくるはずである。

以上、ごく簡単にみたように、丸山の三六年論文は、「理論―思惟様式―社会層という還元に基づいて近世個人主義国家観と市民層との照応関係を示し、市民層が市民社会の最近の段階に於て、中間層イデオロギーを摂取する必要に迫られてファシズム国家観を開花せしめた次第を略述した」（三一頁）ものである。丸山は論文のいちばん最後で以下のように述べている。長いが引用しておこう。

今や全体主義国家の観念は世界を風靡している。しかしその核心を極めればそれはそれが表面上排撃しつつある個人主義国家観の究極の発展形態にほかならない。我々の求めるものは個人か国家かの Entweder-Oder の上に立つ個人主義国家観でもなければ、個人が等族のなかに埋没してしまう中世的団体主義でもなく、況や両者の奇怪な折衷たるファシズム国家観ではありえない。個人は国家を媒介としてのみ具体的定立をえつつ、しかも絶えず国家に対して否定的独立を保持するごとき関係に立たねばならぬ。しかもそうした関係は市民社会の制約を受けている国家構造からは到底生じえないのである。そこに弁証法的な全体主義を今日の全体主義から区別する必要が生じてくる。(三二頁)

丸山が与するのは、個人主義国家観でも中世的団体主義でも、ましてやファシズム国家観でもない。丸山のいう「弁証法的な全体主義」がどういう立場を示すものなのかは、この論文だけではよく分からない。「弁証法的な」という形容詞は、「個人は国家を媒介としてのみ具体的定立をえつつ、しかも絶えず国家に対して否定的独立を保持するごとき関係に立たねばならぬ」ということを示していると思われるが、「全体主義」が何を意味するかは明確ではない。「今日の全体主義」とは違うがあくまでも「全体主義」とされているので、強い国家が主張されていることになろうか——。

個人主義的国家観について、「この国家観の個人主義的色彩の裏面には強度の普遍主義的色彩が秘められているのである」（一四頁）とされるときの、普遍主義的な国家を想定できるかもしれない。

個人か国家かではなく、等族に個人が埋没するのでもなく、中間集団の自主性が消失してしまうのでもない。こうして、われわれは、「国家―中間集団―個人」のプロブレマティークに思い至るのである。このようにみていくと、先に指摘しておいた、中間集団の自主性という、丸山がその後に主張することになる論点がポイントになるということが、よく分かるのではないか。

三六年論文は、丸山のデビュー論文である。すぐれた学者のデビュー作の常といえようが、その後に展開される議論がこのデビュー作に萌芽として存在しているのではないか。それは今後議論するとして、いずれにしても、中間集団の自主性という論点は丸山の出発点の「所与」をみるうえできわめて重要であることはたしかである。

さて、われわれの問いは、三六年論文で丸山は「近代」を批判していたのか、ということであった。三六年論文で批判されていたのは市民社会＝個人主義的国家観＝ファシズム国家観であった。「近代的思惟様式」は、たしかに市民社会に照応しているとされていたが、この「近代的思惟様式」とは「具体を抽象へ、特殊を普遍へ、質を量へ」と「合理主義的還元」をするものであるととらえられていた。そして、三六年論文のメインの考察対象は、この「近代的な思惟様式」のうえに開花する国家観の方であった。そこで、個人主義的国家観、その発展にほかならないファシズム国家観が批判された。批判されているのは、個人と国家を対立的にしかとらえない国家観であり、それの基盤となっている市民社会＝経済社会＝商品交換社会であった。そして、「市民社会の制約を受けている国家構造からは到底生じえない」、個人と国家の関係が目指されていた。「近代」そのもの、あるいは「近代」がまるごと批判されているわけではけっしてない。

一方、小熊の議論はどうか。

個人主義的国家観について、「当時の丸山にとって、これは批判されるべき『近代的思惟』であった」ということになる（小熊七一頁）。そして、この時代の丸山のスタンスを次のように位置づけている。――「とはいえこの主張は、丸山独自のものではなく、当時の思想的流行に沿ったものであった。当時の知識人のあいだでは、ヘーゲルやマルクスの『近代』批判が常識となっていたのである」（七一頁）、と。たしかに、丸山においても、市民社会＝経済社会＝商品交換社会は批判されていた。したがって、「当時の思想的流行に沿ったもの」であることはたしかである。納得できないのは、それだけで「近代」や「近代的思惟」が批判されているとするとらえ方についてである。

「広島市宇品の船舶司令部から私が復員して後、最初に発表した文章」とされている「近代的思惟」論文（一九四六）では、次のように述べられている。――「我が国に於て近代的思惟は『超克』どころか、真に獲得されたことすらないと云う事実はかくてようやく何人の眼にも明かになった」（集③四頁）。そして、このことは「基本命題」であるとされている。

この論文についての小熊の位置づけ方は、「そこでは一転して、『近代的思惟』を日本に定着させることが説かれていたのである」（小熊 七二頁）。四六年論文よりも前の『日本政治思想史研究』所収の『国家学会雑誌』連載論文でも「近代」は擁護されていたのでなかったか。であれば、少なくとも「一転して」という書き方はおかしいことになる。さらに、小熊は、四六年論文の（先ほど引用した）「近代の超克」論への丸山の批判に触れながら、「こうして戦後の丸山は、『近代』を再評価して、共産党やマルクス主義とは一定の距離をとった」（七三頁）と述べている。丸山は「近代」を再評価するようになった、と。

が、そもそも、三六年論文が「近代」を批判していたわけではなかった。したがって、四六年論文で「近代」再評価に転換したわけでもない。「近代」がまるごと批判されたり、まるごと擁護されたりするとみるのが単純にすぎるのである。

丸山には「近代主義」というレッテルが貼られる。しかし、そのときの「近代」とはなんだろうか。丸山によって評価されている「近代」とは何かについて、正確にとらえないといけない。

三六年論文を『戦中と戦後の間』（一九七六）に収めることにした理由の一つを、丸山自身は、「この稚拙な学生論文まで掲載することを私が承諾したのは、どういう考え方をいわば『所与』として、私が研究生活に入ったかを示すため」（集①三三頁）としていた。この理由づけについて、小熊は次のように述べている。「丸山は敗戦後に名声を博した一方で、敗戦直後の共産党や六〇年代の新左翼からは、西洋近代を賛美する『近代主義者』だと批判された。おそらく彼は、自分が単純な『近代主義者』ではないことを示す目的で、みずからの思想的履歴にあたる学生時代の論文を公表したのだと思われる」(小熊 七四頁)、と。これにしたがえば、丸山は、「西洋近代を賛美する『近代主義者』」というレッテルを貼られていることに反発して、かつては「近代」批判していたが、その後、一転して「近代」再評価をしているのだという弁明をしていることになる。そうだとしたら、この弁明にどういうメリットがあるのだろうか？　——日和見主義者の証明でしかないのではないか。

丸山の緑会論文の位置づけについては、山之内靖も、近代市民派の位置づけに関連して議論している。

山之内によれば、大河内一男、大塚久雄、丸山眞男ら近代市民派は、初期には近代批判をしていたが、一九三七年頃から近代擁護に転じる。山之内は、それを総力戦体制と関連づけている。そして、ウェーバー解釈についても一面的な解釈がされるようになり、ウェーバーの、ニーチェに通じるような近代批判が無視されてしまう、というのである。一九三七年七月には日中戦争が開始され、三八年六月には国家総動員法が成立している。この時期を境にして、「日本資本主義論争を特徴づけていた近代資本主義批判の言説は潮の引くように減退していった。日本の社会科学をリードする市民社会派の潮流が形成されるのは、まさしく、この言説上の転調と軌を一にしていた」(山之内 三〇〇頁)。

われわれの課題である丸山に限定してみていくことにしよう。山之内によれば、丸山は、緑会論文においては近代を批判していた。ところが、『日本政治思想史研究』所収の論文では近代擁護に転じているという。「市民社会派は、その出発点において自己のうちにはらんでいた近代の超克のモーメントを、戦後において展開することができなかった」(一七六―七七頁)。であるからこそ、「戦後における市民社会派のほぼ一九六〇年代にまでおよぶ巨大な影響力が、一九七〇年代とともに潮の引くように後退してしまった」(一七六頁)のである。このことをみるために山之内がとりあげているのが、丸山の場合、緑会論文である。「この論文での丸山の論旨は、ヨーロッパに始まる近代市民社会の批判に他なりませんでした」(二四一頁)。しかし、丸山はその後、たとえば『日本政治思想史研究』では、「上の論点からすれば信じられないような異質の論理を展開しています」(二四一頁)、と山之内はいう。それによれば、丸山は、ヘーゲルやウェーバーを援用しながら、中国社会の停滞性を主張し、そして「中国の場合とは区別される日本の順調な近代化というテーマ」を論じた(二四一頁)。丸山だけでなく大河内についても大塚についても、「彼らはいずれもマルクスの方法に拠り所を求めて資本主義社会の批判的分析へと向かっていました。しかし、ほぼ一九三七―三八年を境として、彼らは一斉に方向転換します。彼らはいずれも、日本社会に内在する近代化への潜在的可能性を探究する方向へと知的関心を転換してゆきました。〔中略〕丸山の場合には徳川時代の政治思想にヨーロッパのそれと比較可能な近代性が認められます」(二四四―四五頁)。山之内はこのように述べて、この変化には、彼らの「ヴェーバー学への傾斜」（二四四頁）がみられるという。しかし、山之内によれば、このとき、「ヴェーバー社会学を特徴づける今一つの論点」が無視ないしは軽視された。それは、「ヴェーバーが時にはニーチェと呼応しながら西洋近代への根源的な批判を語ったという論点」（二四八―四九頁）にほかならない。

山之内のこの解釈においても、丸山が近代をトータルに批判している、あるいはトータルに擁護している、というとらえ方がなされている。そのうえで、近代批判からほんの数年後には近代擁護に転じたという主張がなされている。しかし、近代をトータルに批判する／トータルに擁護するというとらえ方は、あまりに大雑把にすぎるのではないだろうか。丸山が、福沢について述べているように、ある問題との関連で評価するというのが、丸山のスタンスではないだろうか。

丸山が福沢の「議論の本位を定る事」について語っている、「価値判断の相対性の主張」（「福沢諭吉の哲学」（一九四七）集③一六七頁）、「価値を具体的状況との相関において決定する考え方」（一六八頁）、すなわち、福沢が与えた解答は特定の目的に対するものであって、必然的に「相対的＝条件的性格」（一六七頁）をもったものだという立場は、丸山自身の立場でもある。それは、いわば「議論の使い分け」（一七四頁）である。そのとき何が問題とされているかを抜きにして、そのときの解答だけを独立して取り出してしまっては、矛盾だらけということにもなる。

丸山が福沢について述べている次のような立場は、丸山自身の立場表明ともいえるだろう。――

「あらゆる立論をば、一定の特殊的状況における遠近法的認識として意識したればこそ、いかなるテーゼにも絶対的無条件的妥当性を拒み、読者に対しても、自己のパースペクティヴの背後に、なお他のパースペクティヴを可能ならしめる様な無限の奥行を持った客観的存在の世界が横たわっていることをつねに暗示しようとしたのである」（一七四―七五頁）。

丸山は、自分の発言はすべて「戦略戦術的」であり、「日本人のものの考え方とか状況とかに対するアンチテーゼを出そうという考えが、いつもある」としている。そして、「そうすると、やっぱり行きすぎるわけですよ」とも語っているのは、興味深いところである（自由 一一八頁）。

要は、繰り返しになるが、「近代」の批判にしても再評価にしても、何が「近代」とされているかを論じなければならない。後に改めて論じることになるが、その場合、理念としての近代／現に存在している近代の区別、理念の位置といった問題について、丸山に即したかたちで検討していく必要があろう。

3 「鎖国してはならない」

大江健三郎が『鎖国してはならない』（二〇〇一）という本を書いている。一九九七～二〇〇一年にかけて、国内外でおこなわれた講演をベースにしたものである。大江は、いわずと知れた、「戦後民主主義」の擁護者である。この著書のなかでも、丸山に何度も言及しつつ、民主主義を擁護している。大江の主張を端的にあらわしたものが、タイトルにもなっている「鎖国してはならない」ということである。

たとえば、大江は、丸山の『「文明論之概略」を読む』を紹介しながら、次のように述べている。「福沢のヨコの関係としてのパブリックを、丸山がこのように詳しく説明する。公という漢語、おおやけというやまとことば、さらには英語のパブリック、それに関連する言葉として英・仏の society、société という言葉を示す。丸山は、福沢の時代の日本人に欠けていた、そこで福沢が日本に持ち込もうとした、西欧的な意味での『社会』『人間交際』の意味を、今日の日本人に向けてあらためて定義しようとするのです。それは丸山に、一九六〇年にいたっても、これらの言葉が正確には日本人のものになっていない、あいまいなままだという観察があったからではないでしょうか?」（大江五四頁）。

なぜ大江が丸山に注目するのか。

大江は続けて、「丸山のこの観察に重ねて、私は二十世紀末の日本においても、それは変わっていない、むしろそのあいまいさは攻撃的にすら強化されている、というほかありません」（五四頁）としている。そして、この著書のなかで、新しい歴史教科書の問題に典型的にみられる新しいナショナリズムの機運、民主主義を否定する風潮を批判している[1]（八九頁）。

大江の「鎖国してはならない」というのは、国についてのみならず、個人についてもいわれている。その両方について、『鎖国』するようにして、閉じた内側で根拠のない自己の特権化をもくろむ態度」ではなく、「世界に開かれた心性《メンタリティ》を新たに作り出さねばなりません」と主張するのである（三二二頁）。「そして、舞台の上の丸山眞男の『戦後民主主義の「虚妄」の方に賭ける』という台詞に心から共感して、観客席の暗い片隅で、自分もそれを生涯の役割として引き受けようと決意した若い日本人のひとりが、いまあなた方の前で語った小説家なのであります。私は自分もまた演技者となったこの永く続く芝居に、かつて一度も退屈したことがありません」（六五頁）。

大江のような主張は、現在、きわめて人気がないのではないだろうか。

たとえば、ジャーナリストの佐々木俊尚は、最近の著書において、「自民党政権に対するアンチテーゼとして、日本社会に強い影響力を与えてきた」、『リベラル』という政治勢力がいま完全に崩壊しようとしている」と述べている（佐々木 一二頁）。そのひとりとして、大江健三郎があげられている。この勢力は、原発反対、自衛隊の海外派遣反対、憲法九条を護持し集団的自衛権行使や特定秘密保護法案に反対してきたが、「しかしこの『リベラル』勢力は、いま完全にほころびている」というのが佐々木の主張である（一三頁）。

佐々木の議論を検討するのはここでの課題ではない。とはいえ、政治勢力としての有効性の問題と、大江が丸山のなかにみた課題の有効性という問題とを同一視することはできないことは指摘しておく必要がある。[2] 後者の問題は現在でも問い続けなければならない問題である。

では、丸山は何を問題にしたのだろうか。

大江はそれを「鎖国」にみた。たしかに、このとらえ方は有効であると思われる。丸山が問題にしたのは「鎖国」、とりわけ「精神的鎖国」である。丸山自身、こう述べている。――「けれども、サミットの開催国であることを誇る今日の日本も、他面では依然として『国際人の養成』といった意味不明の言葉が通用するほど、精神的鎖国から抜け出しておりません」（「『文明論之概略』を読む（二）」（一九八六）集⑭三五一頁）、と。丸山は「精神的鎖国」についてさまざまなテーマを通して論じているといえる。そこをパラフレーズしていくのが私の丸山論になる。

4 社会／世間――他者感覚のなさ

日本の学者は「ヨコのものをタテにするだけ」とよくいわれることについて、丸山は、福沢を引き合いに出しながら、「しかし、ヨコのものをタテにするというのは実は大変なことなのだ」という。――「ヨコのものをタテにするというのは、全くちがった伝統のもとに育った文化を移植する仕事ですから、これはほんとうに大変なことです。〔中略〕ヨコのものをいかに自家薬籠中のものにしてタテにしたか。そこに思想のオリジナリティがあったのです」（「『文明論之概略』を読む（一）」

（一九八六）集⑬四八頁）。

たとえば、福沢は、société（society）について、「人民交際」や「人間交際」と訳している。それは、社会という観念がもっている、当時まで日本にはなかった、「本来、ヨコの関係としてのパブリックと密接に関連している」という意味合いを、「同じ村の人同士の付き合い」とは別の「アカの他人との付き合い」ということを何とかあらわすための、つまり「ヨコのものをタテにする」ための努力であった（八四―八五頁）。society という言葉は、その後、明治一〇年代頃に「社会」という言葉が用いられるようになり、今日では、それが定訳になっている。今では、われわれは、society をみたら自動的に社会と訳す。「ヨコのものをタテにする」翻訳作業にともなっていたはずの「文化の伝統の深さの理解と異質性の意識」（四九頁）はもはやみられない。しかし、そもそも、「society に相当する言葉が日本語になかった」のである（柳父 八頁）。「相当することばがなかったということは、その背景に、society に対応するような現実が日本になかった、ということである」（三頁）。「ヨコのものをタテにする」のはたいへんなことなのである。

西洋史学の阿部謹也の世間論も、この点を問題にしたものであると位置づけることができよう。彼は、世間と社会の違いにこだわり、その観点から日本社会を批判していたのである。

阿部は、society は明治一〇年に社会に、individual は明治一七年に個人と訳され定着したことに触れて、次のように述べている。それ以前には社会という言葉も個人という言葉もなかった。つまり、それ以前には、現在のような意味の社会という概念も個人という概念もなかった。「明治以降社会という言葉が通用するようになってから、私達は本来欧米でつくられたこの言葉を使ってわが国の現象を説明するようになり、そのためにその概念が本来もっていた意味とわが国の実状との間の乖離が無視される傾向が出てきたのである。／欧米の社会という言葉は本来個人がつくる社会を意味しており、個人が前提であった。しかしわが国では個人という概念は訳語としてできたものの、その内容は欧米の個人とは似ても似つかないものであった。欧米の意味での個人が生まれていないのに社会という言葉が通用するようになってから、少なくとも文章のうえではあたかも欧米流の社会があるかのような幻想が生まれたのである」（阿部 一九九五 二八頁）。阿部によれば、日本の社会においては近代化は欧米化であり、この意味での近代化が全面的におこなわれたが、それができなかった分野が、人間関係なのである（阿部 二〇〇六 九二頁）。

一般の読書界で話題になった本として、平田オリザの『わかりあえないことから』がある。

平田は、対話（dialogue）と会話（conversation）を区別し、対話の重要性を指摘した。会話は「価値観や生活習慣なども近い親しい者同士のおしゃべり」であるのに対し、対話は「あまり親しくない人同士の価値観や情報の交換。あるいは親しい人同士でも、価値観が異なるときに起こるその摺りあわせなど」とされている（平田 九四―九六頁）。日本社会は「ほぼ等質の価値観や生活習慣を持った者同士の集合体＝ムラ社会を基本として構成され」ているので、対話という概念はほとんどなかった[3]（九九頁）。

しかし、「もう日本人はバラバラ」であるし、「日本のこの狭い国土に住むのは、決して日本文化を前提とした人びとだけではない」ので、「この新しい時代には、『バラバラな人間が、価値観はバラバラなままで、どうにかしてうまくやっていく能力』が求められている」。平田は、これを「協調性から社会性へ」と呼んでいる（二〇六―二〇七頁）。平田によれば、国際化する社会を生きていかなければならない日本の子どもたちには、「心からわかりあえなければコミュニケーションではない」という考えではなく、「いやいや人間はわかりあえない。でもわかりあえない人間同士が、どうにかして共有できる部分を見つけて、それを広げていくことならできるかもしれない」と考えるべきである（二〇八―二〇九頁）。日本人はいま「コミュニケーション観の大きな転換」に直面している[4]（二〇八頁）。

平田のこの主張は、日本社会はすでに変化しているのに人々の考え方が変わっていないことへの批判である。

大江や阿部や平田にみられるように、日本の社会や文化への批判が繰り返し現れてくるのは、それが依然として課題と考えられているということだろう。

丸山の「他者感覚」がこの問題と直接関係している。丸山自身は以下のように語っている――。

最後に理屈を言いますならば、他者感覚のなさということです。他者がいないんです。同じ仲間とばかり話をしますから。日本は鎖国だとかなんとか言いますけれど、一言にして言えば、他者感覚のなさということ。他者との対話が非常に欠乏しているということです。そこに大きな問題があるんじゃないかということです。その怖さですね。(「皆さん、横につきあってください」(一九九五) 話文 続④二四八頁)

私の言う他者感覚というのは、反対するという意味じゃないんです。反対するという意味じゃなくて、またどちらが正しいかということよりも、違った考えの人と話をする、考えというのも言いすぎだと思うんです。私はむしろlight、照明と言った方がいいと思います。つまり違った人と話せば、照明の当て方が違ってくる。〔中略〕これは、意見のどっちが正しいとか、間違っているというのとは違った、つまり、違ったアングルから物事を見る。違った角度から、違った照明を当てる。そうすると、その対象もまた違って見えてくるわけです。それは、決して、いわゆる価値の多元化ということと同じではないんですね。なぜならば、違った角度から、違った照明を当てることによって、ある像が映りますが、それは客観的真理に関係しているんです。単なる相対主義じゃないんです。客観的真理に関係する。ただ、全面的にその真理をつかんでないという。すると、今度は違った方から照明を当てると、違ったところから照明が当たっているから、今度は非常に景色が違って見えるわけです。どっちが正しいというものではないんです。多くの多様な意見があった方がいいというのは、ただ数が多いとか、ただ違った意見というのではなくて、照明、当てる照明の数が多くなるということです。

（二五〇―五一頁）

この引用は丸山の非公式な会合からのものであるが、「他者感覚」は丸山の議論の中心にあると考えられる。私の丸山論はこの論点をほぐしていくことになろう。

間宮陽介はその丸山論において、丸山の、日本人の「他者感覚」の欠如という主張を、次のようにとらえ直している。「他者を他者＝他在として認識するには自己を自閉の殻から解放しなければならない、というのがその積極的な主張である」（間宮 三八頁）、と。間宮によれば、「自己を開かなければ、伝統主義は『ズルズルべったり』の共同体主義になり、啓蒙合理主義は理性や知性の専制主義に、ポストモダニズムは『処置なしのロマン主義』に変色してしまうだろう」（三八頁）。そしてこのことは、丸山を近代主義者として批判的に語るのは適切ではないということを意味している。というのも、近代主義者という批判は近代的主体に焦点をあてたものであり、「丸山が理論的にも実践的にも、ロビンソン・クルーソーのような合理的で自律的、自己完結的な主体を想定している」（三六頁）とみているからである。

ちなみに、私自身は、バウマン社会理論の背後にある人間像を、ロビンソン・クルーソーとは異なる〈弱い人間〉とみており（中島二〇〇九 一二六―三〇頁）、またアレント思想においては複数性という概念を重視するものであり（中島二〇一五）、バウマンとアレントがいずれも他者の重要性を強調していることの意義を指摘してきた。そうした私のスタンスにとっては、もし丸山がロビンソン・クルーソー的な近代的主体を主張しているとすれば、丸山の思想にさほど興味をひかれなかったであろう。

いずれにせよ、丸山は、「自己を閉ざす殻」がいかなるものであると考えていたのか、またそこから「自己を外部に開く」ためには何が必要であると考えていたのだろうか。こうした点を考えていく必要があるだろう。

5 さまざまな丸山批判

九〇年前後の冷戦体制の崩壊にともない、さまざまな思想的流行がおこった。国民国家批判、ナショナリズム批判、ポスト・コロニアル研究、総力戦論等である。こうした文脈で丸山への批判も新たに噴出した。

たとえば、「戦後」を振り返る鼎談での成田龍一による「悔恨共同体」への批判は、この辺の事情をよく語っている。――「〔丸山の悔恨共同体という概念は〕自分たちは戦争を阻止することができなかったという悔恨、つまり自己批判を軸にした知識人の共同性が、戦後になってあらわれてきたことを説明しています。しかし、その悔恨共同体の外側に置かれたものとして朝鮮、つまり植民地という問題があった。そのことが、悔恨共同体の議論の欠陥としてあったことの指摘が、戦後思想史のいまひとつの流れとなります」（小森・成田・本田 五一頁）。「悔恨共同体」という「共同体」の外部にいる者へのまなざしが丸山には欠けているという批判。これは、丸山の枠組みは国民国家を越えられないといった批判でもある。

ポスト・コロニアル研究の立場からも批判されるであろう。酒井直樹がいうところによれば、ポスト・コロニアル研究の主要な関心の対象は、かつて植民地支配を受け独立闘争を経て主権国家の資格を獲得する旧植民地の人々ではなく、ポスト・コロニアル性が最も如実に現れるのは、かつて植民地を支配し、自らを特別な支配者と任じてきた植民地宗主国の人々の方だという。「『帝国の喪失』と呼ばれる現象は、旧植民地宗主国の住民が、植民地体制の崩壊の現実に直面することができず、過去の植民地統治の階層秩序に固執することを指しています。過去の安定した階層秩序のなかでしか、彼らは慰安を感じることができなくなっているのです」[5]（酒井 三八頁）。

こうした丸山批判を改めて検討してみる必要がある。丸山の他者感覚論、自閉の殻に閉じこもらないといった論点は、もう国民国家は無用になったなどという威勢のいい議論では当然のことながらないけれども、自己を開いていく、たえず自己懐疑するものであり、国民国家の枠組みに閉じこもるものではないモメントを有している。

悔恨共同体を軸にして戦後日本の知識人の軌跡を跡付けた歴史家の成田龍一が、東日本大震災を経験した後の現在の課題を次のように述べている。「この要となるのは、『悔恨』の『共同性』の認識ではなかろうか、とあらためて思う。〔中略〕／求められるべきは、共同体をつくらぬ、『悔恨』の共同性の自覚化である。『戦後』と『日本人』の枠を越え、『戦後』と『日本人』そして『知識人』、さらには、『思想』の再定義を伴っての集結。『「戦後」の知』からの脱却ではなく、その再解釈、そして再解釈をへての再起動が喫緊の課題となる」（成田二〇一五　二二三頁）、と。丸山の議論はこうした課題に直接対決しているわけではないが、こうした課題にも応えうるポテンシャルをもっているのではないか。ここにこだわっていくことが、私の丸山論のポイントとなる。

大きな転換期に遭遇している現代について、成田龍一は、別の著作でも、「〈いま〉の事態は、『戦後』の変化であり、『戦後』が追求してきた近代の解明や近代性の擁護ではもはや解けないことは自明である」（成田二〇一六　八頁）とし、「『「戦後」の知』からの脱却ではなく、その再解釈、そして再解釈を経ての再起動が喫緊の課題となる」（八四頁）と述べている。私の丸山論の試みも、近代社会／現代社会の落差を意識しつつ、丸山の読みを通して「近代」についての再解釈を提示しようとするものである。

この文脈で、安丸良夫の丸山論もみてみよう。

安丸は、「近代の歴史研究には、国民国家の語りという特徴がつきまとっていて、そこでは国民国家が語りの単位として自明視されるとともに、そうした語りによって国民国家を作り出していくという作用が働いていた」（安丸二一〇―一一頁）という側面を強調する酒井直樹らの「ポスト構造主義的丸山批判」について、共感しつつも他方で次のように述べている。「しかし、近代世界が国民国家を編成の単位として構造化されていて、知識人もしくは歴史家もその内部に生まれてそこで生きるほかなかったと考えれば、国民国家的な存在をひとまず存在の単位として承認し、そこから分析にとりかかるということになるのではなかろうか」（二一一頁）、と。安丸の議論はここにとどまるものではない。「なんらかの構造を措定しなければ私たちは分析対象そのものを失うこととなり、歴史研究は存立の場を失うことになると思う。そして、近代世界が国民国家を構造の単位として存在しているとすれば、国民国家をひとまず前提として、それに『存在拘束』されながら、そうした自己の認識論的なありようを自覚化してゆくほかないと考えるところに、私たちの立場性があるのではなかろうか。そうした立場は、認識論的保守主義と呼ばれうるとしても、私たちは構造に葛藤や対抗を孕んだものとして捉えるのだから、いうまでもないことながらそれはイデオロギー的保守主義ではない」（二一二頁）。もちろん、安丸のいう「私たちの立場性」は丸山を念頭においていわれているものではない。とはいえ、「国民国家をひとまず前提として、それに『存在拘束』されながら、そうした自己の認識論的なありようを自覚化してゆく」という立場は、丸山のものでもあるといえよう。精神的鎖国や他者感覚の欠如を批判してゆく丸山にこだわる私なりの丸山論は、ここでみた安丸の立場が丸山の立場でもあることを示してゆくはずである。ヘーゲル『法の哲学』を解説して佐藤康邦が国民国家の現在について述べていることは、この文脈で注目に値しよう。佐藤は、現在では国民国家に否定的な言葉を投げかけさえすれば「もういっぱしの良心的知識人として通用するといった気配さえある」（佐藤 九八頁）と批判したうえで、次のように述べている。――「そもそも、国民国家の凋落について気楽に語れるということ自体、じつは長期間にわたる国民国家をめぐる試行錯誤の歴史を経て、それの恩恵を享受できるに至った一握りの先進国における特権であるとも言えるのだから。地球上の多くの地域においては、むしろ、人々は国民国家の枠組みの確立を求めて呻吟しているという方が正しいのではなかろうか」（一〇〇頁）、と。

要は、国民国家を批判していれば済むのではなく、ナショナルな視点を超えていかに他者との対話的想像力を確保するか、ナショナルな視点をいかに開くか、ということが課題なのである。この文脈で、社会学者ベックの方法論的ナショナリズム批判についてもみておこう。ベックは方法論的ナショナリズムの誤りの一つを、「社会科学的な観察者の分析の視座に、ナショナルな視点の境界線、カテゴリー、秩序観念、変数が無批判に受容されていること」としている。「ナショナルな近代は、その同質性の固定化によって、国家間、民族間、宗教観の対話というアイデンティティの形成力、つまり（しばしば苦痛や逆説に充ちた）対話的想像力を無限に失ってきた」というのが、ベックの批判の中心にあるものである（ベック 六四頁）。ちなみに、ベック自身は、方法論的ナショナリズムを批判して、ポストモダンの方法論的多元主義とも区別される、第二の近代にふさわしい方法論的コスモポリタン主義の立場をとっている（六四―七一頁）。

「精神的鎖国」とは「自閉の殻」に閉じこもることである。「自閉の殻」から出て他者と交わること、横につきあうこと、先述したパブリックの問題等は、いずれも、自閉の殻をたえず振り返る契機としての他者の重要性という論点につながるのではないだろうか。

自省＝自己懐疑の重要性――。個人でも社会でも自省を忘れてはならない。

社会については、バウマンがフランスのカストリアディスを引き合いに出しつつ、さまざまな著作で述べている。「現代社会の問題は、みずからを批判しないことだ（中略）。現代社会は、現状以外に選択肢をみとめないので、そのあきらかな前提、隠された前提の妥当性を（証明はもちろん）検証し、正当化する義務はないと感じているのだろう[6]」（Bauman 2000 pp.22―3: 三〇頁）。

これは、社会批判の流儀とも関わる重要な問題である。

佐々木俊尚の「リベラル」批判はこの点で興味深い。佐々木は、「マイノリティ（少数派）に乗り移り、勝手に代弁することによって、日本社会を容易に批判できる」、「非常に気楽な立ち位置」でなされる批判を、「マイノリティ憑依」と呼んで批判している（佐々木 五八―五九頁）。これは、他者に乗り移ったうえでの批判、他者へ憑依したうえでの批判であり、ここには自己への反省というベクトルは欠如している。このかぎりで、これは社会批判の流儀に関わる大事な指摘であろう。

しかし、佐々木は「リベラル」を批判するあまり、理想主義的なモメントを否定してしまってはいないだろうか。理念よりも生存を強調して、次のように述べているのである。――「普遍的な理念が崩壊している中では、『理念として正しいかどうか』ということを前提にした議論には意味がない。最上位に求めるべきは理念ではなく、生存や豊かさの維持というような具体的目標である」（一七二頁）。このとき、丸山のいう「寝そべった批判」しか残らない。

どんなに遠い理想であろうと、どんなに現実に人間がそれから遠くても、それを目指すことによって、一歩でも二歩でもそれに近づき得るのか。そうしたらそこに寝そべっちゃうよりいいじゃないかと。僕は現実に寝そべるよりは、理想を求めたほうがいいということ以外に言えないです。日本では変な現実主義が多いんです。理想主義というのは、高いところにあるものを取ろうとするわけです。高いところにあるものを取ろうとすると、転んだりして変な格好になる。いちばん安定しているのは、寝ていることなんです。寝ていて、あんな格好してバカだなぁと言っている、これが日本の現実主義。これがいちばん安定している。所与の現実をただ絶対化する。しかし、これでは全然進歩がないです。それでいいんですか、と。

転びつつ、まろびつつ、少しでも理想に近づいていくという、そういう人間観をとるかということです。（「人権からみた日本」（一九九三）話文 続②一七八頁）

丸山の言葉にもあるように、批判の流儀は、人間観とも関わっている。

現代のような「動物化」する時代においてこそ、丸山のスタンスを振り返ることの意義もある。東浩紀は、コジェーヴのヘーゲル読解を踏まえ、「人間」と「動物」を区別する。「人間が人間的であるためには、与えられた環境を否定する行動がなければならない。言い換えれば、自然との闘争がなければならない。／対して動物は、つねに自然と調和して生きている」（東 九七頁）。この「動物的」と区別されるものに「スノビズム」がある。これは、「与えられた環境を否定する実質的理由が何もないにもかかわらず、『形式化された価値に基づいて』それを否定する行動様式である」（九八頁）。「実質的には死ぬ理由が何もないにもかかわらず、名誉や規律といった形式的な価値に基づいて自殺が行われる」切腹が、「究極的なスノビズム」とされている。この生き方は、否定の契機がある点で、「動物的」とは区別されるが、「スノッブたちの自然との対立（たとえば切腹時の本能との対立）」をみれば分かるように、「もはやいかなる意味でも歴史を動かすことがない」（九八頁）。

こうした議論を踏まえ、東は、日本では、「スノビズム」は一九九五年に時代精神としての役割を終え、「いまは別種の時代精神＝データベース消費に取って替わられつつある」とする（一二五頁）。

そして、この変化を「動物化」と呼ぶのである。「物語消費からデータベース消費へ、つまりは部分的ポストモダンから全体的ポストモダンへの大きな流れ」を、「人々の動物化」ととらえる（一三一頁）。ここには、コジェーヴによる「欲望」と「欲求」の区別が関係している。人間は「欲望」をもつのに対して、動物は「欲求」しかもたない。「欲求」は、「特定の対象をもち、それとの関係で満たされる単純な渇望を意味する」。人間の欲望は、「望む対象が与えられ、欠乏が満たされても消えることがない」（一二六頁）。男性の女性に対する性的な欲望のように、「他者の欲望を欲望するという複雑な構造を内側に抱えている」のである。「マニュアル化され、メディア化され、流通管理が行き届いた現在の消費社会においては、消費者のニーズは、できるだけ他者の介在なしに、瞬時に機械的に満たすように日々改良が積み重ねられている。従来ならば社会的なコミュニケーションなしには得られなかった対象、たとえば毎日の食事や性的なパートナーも、いまではファーストフードや性産業で、きわめて簡便に、いっさいの面倒なコミュニケーションなしで手に入れることができる」（一二七―一二八頁）。東によれば、現在の社会は「動物化」している。

現代が「動物化」しているとすれば、いかなる人間観をとるのかは、ますます重要な問題となってくるのではないか。[7]

6 ヨーロッパの位置

丸山への批判として、古くから、丸山の議論は、ヨーロッパを理想視し、そこから日本社会を批判している、つまり丸山の議論は欠如理論だといった批判があった。佐伯啓思が典型的である。たとえば――「それはひとつのある立場、ある先入見を前提としたもので、その前提を彼は決して疑いはしないし、検証しようともしない。『科学としての政治学』という装いのもとに、巧みにイデオロギーが操作されているのである。それは本来論じるべきことを無条件に聖域において議論を進める。議論の進行はあくまで西欧近代社会の論理を基準として、その上で『日本の特異性』が摘出される。と同時にその『特異性』は、『後進性』へと読み替えられ、西欧という普遍的＝先進的モデルを基準とした日本の特異性＝後進性の断罪へとすりかえられてゆく。／これは『科学』を標榜した丸山政治論の詐術というべきものだ」（佐伯五二頁）。

はたして丸山はヨーロッパを理想視していたのか？　自らはヨーロッパに乗り移って、自分をのぞいた日本社会を欠如として批判していたのだろうか？　先ほどの発言などをみると、そうではないように思われる。

バウマンが提示している理念としてのヨーロッパという論点についてみておくのが有効だろう。

バウマンによれば、そもそも、ヨーロッパは理念としてあり、たえず現実のヨーロッパとは開きがあり、理念がたえず先に進んでいた。ヨーロッパを論ずるときには、この二つをきちんと区別することが大事である（Bauman 2004 pp.5—6）。理念としてのヨーロッパは独占的な所有とは相容れない。他者に対しても拒絶されはしない。ヨーロッパが限度を超える（transgressive）文明であることの理由もここにある。ヨーロッパの文明ないし文化は境界に対してアレルギーをもっているのである。ヨーロッパの文明は固有に拡張的な文化なのであり、文明であることに加えて「文明」を自称（called itself）していた唯一の社会的実体の場所であった。このとき、「文明」—「文化」と分離させることは難しい—は世界を作り変える継続的なプロセスとなる（pp.7—8）。文化の概念はあらゆる人間的なものは人間が作ったものであるということの発見を表象している（p.9）。

しかし、ヨーロッパの文化と他の文化はけっして対称的ではない。ヨーロッパは地球のすべての土地を発見したが、ヨーロッパは誰によっても発見されなかった。ヨーロッパは次々とあらゆる大陸を支配したが、ヨーロッパは誰にも支配されなかった。ヨーロッパは世界のそのほかが模倣しようとした、あるいは複写することを余儀なくされたある文明を発明した。しかし、その逆のプロセスは生じなかった。ヨーロッパは「グローバル化機能」によって定義することができる（p.9）。ヨーロッパが発明したのは文化だけでなく、文化を栽培する（culturing culture）という任務も発明した。ヨーロッパは「世界は文化によって作られる」と最初に宣言しただけでなく、文化は人間によってなされるが故に文化をなすこと（doing culture）が人間的なミッションであることも最初に発見した。

その意味で、ヨーロッパ文化は「不確実性の文化」である。ありとあらゆる確実性の形象に対する根本的な挑戦の文化なのである。たえず事物の秩序を問い続ける文化である（pp.11―12）。ヨーロッパは、かくして、人間的宇宙の誂え服仕立屋として自らを鍛えた。世界の「ヨーロッパ化」は、ヨーロッパの目標にしたがって、しかも何らの罪悪感もなく世界のそのほかの部分を作り変えるというヨーロッパの衝動を反映していた（p.13）。

かくして、地球のほぼ全体がヨーロッパの型に倣って作り変えられてきたのである。二〇世紀の終わり頃にはヨーロッパのミッションは成就された。しかし、カントの人類の普遍的統一という、「文明化され」人間にやさしい世界は必ずしももたらされはしなかった。何にもまして、「現実に実現されたミッション」は、近代化という名の、秩序化および再秩序化への強制的な衝動のグローバルな拡大と、経済的進歩という名によって過去および現在の生活様式の生存価値と生活向上能力を奪うことで、その様式を軽視し、降格させることとの抗いがたい圧力であった。このことによって「人間廃棄物」が夥しく供給されていった（p.16）。

ヨーロッパのミッションが世界的に成功した結果として、ごく最近になって「ヨーロッパ化」した地域は、「余剰人口」とその処理という問題に直面している。ところが、地球はすでに満杯になっていて、廃棄物処理場として使える「空っぽの土地」はもはや残されていないのである。これらの「(ヨーロッパ生まれの) 近代化の遅参者」には、グローバルに産み出された問題をローカルに解決していくという絶望的な行為しか残されていない（p.18）。

こうした状況におかれている今こそ、ヨーロッパが冒険的（adventurous）であることを必要としているときはない、とバウマンはいう。今ほど冒険的なヨーロッパを必要としているときはない。つまり、自身および世界のそのほかの現状を超越しようという衝動をもって、自らの領域を超えたところに目を向けるヨーロッパ、自己の狭量さおよび自己言及性に批判的なヨーロッパを、であ（p.34）。今や、ヨーロッパの利害とそれ以外の地域の人々の利害はぴったり一致しはしないとしても重複することだろう。これらの利害が同一ではなくても密接に関連していることをみるためには、一時の利害を超えて目線を少しあげる必要がある（p.35）。かつてヨーロッパはネーションを発明したが、今や人類を発明するときなのである（p.38）。そして、カントのいう人類の普遍的統一に向けて、人類の長い苦しい道において超越という最後の究極的な行為を試みうる、しかも喜んで試みようとするアクターは、ほかにはいない（p.38）。

このように、バウマンは理念としてのヨーロッパ、冒険するヨーロッパに賭けているのである。現実としてのヨーロッパは理念としてのヨーロッパからはつねに遅れていたので、こうした信念がヨーロッパ人をして自己批判的にさせた。自己満足や疑いからの自由ではなく批判と不満こそが、ヨーロッパ的価値としての「合理性（rationality）」という観念の最も持続的な内容であった（p.126）。

グローバリゼーションの時代になって、地球は一つでしかないことが如実になってきている現代でこそ、もう一度この論点が見直されるべきである、という主張である。バウマンは、ヨーロッパが現実にもたらしたものに対して痛烈な批判をしながらも、それでも理念としてのヨーロッパに賭けるのである。

ちなみに、バウマンは現代社会を批判的に論じたリキッドモダニティ論で知られているが、彼のいうリキッドモダニティはモダニティをトータルに否定するものではない。彼は、以前にはポストモダニティ論を展開し、ポストモダニティとしての現代社会においては、それまで抑圧されていた個人の道徳性が花開く可能性を指摘していた。ポストモダニティ論からリキッドモダニティ論への転換にともなって、バウマンのなかで現代社会への批判的言及が強まっていることはたしかである。とはいえ、彼がポストモダニティという言葉を撤回した理由が、ポストという接頭語がモダニティが終ったその後を意味するかのように受けとられてしまったことであったことにもみられるように、バウマンは、モダニティを批判してはいるが（典型的には、ホロコーストをモダニティとの関連でとらえたホロコースト論）、それをトータルに否定しているわけではまったくない[8]。

ここでは、バウマンのヨーロッパ論をとりあげたが、ヨーロッパ論にもさまざまなかたちがある。バウマンのヨーロッパ論の特徴を見定めるためにも、別の論者のヨーロッパ論もみておこう。そこで注目したいのが、ポール・ヴァレリーのヨーロッパ論である。ヴァレリーのよく知られた「精神の危機」（一九二四）という評論[9]の主眼は、ヨーロッパとは何かという問いであるといっていいだろう。

ヴァレリーは、「すべてがヨーロッパにやって来て、すべてがヨーロッパから出て来た。あるいはほとんどすべてが」(ヴァレリー二〇頁)とした後、以下のように続けている。「ところで、現在、我々は次のような決定的な問題に直面している。ヨーロッパは果たしてそのあらゆる分野における優位性を保っていけるだろうか、という問題である。/ヨーロッパは、実際にそうであるところのもの、すなわちアジア大陸の小さな岬の一つになってしまうのか?/それともヨーロッパは、いまのところ、そう見えるところのもの、すなわち地球の貴重な部分、球体の真珠、巨大な体躯の頭脳として、とどまり得るのか?」(二〇―二一頁)。「長い間ヨーロッパに有利に傾いているようにみられていたバランスが、ヨーロッパ自らが招いた結果として、徐々に反対側へ傾き始めた」(二五頁)ということである。ここに濃厚にみられるのは、ヨーロッパが衰退するのではないかという危機感であろう。まさに〈西欧の没落〉への危機感である。

ヴァレリーはヨーロッパを以下のように位置づけている。「これら実現した夢の中で、最も数が多く、最も意表をつき、最も豊饒なものは、人類のごく限られた部分によって、居住可能な地表の総体からすればごく僅かな領土において、実現されたということである。/ヨーロッパこそその特権的な場であり、ヨーロッパ人、ヨーロッパ精神こそそうした驚異的な夢の実現の立役者なのである」(三六―三七頁)。そして、彼は、ヨーロッパの優位性の決定因を「人間の質」とし、その一つの現れをギリシア人の幾何学に求めている。近代科学の源泉もここにあるとされる。そして、こう述べている。──「しかし一度生まれ、その物質面の応用によって、有効性が確認され、報われてしまうと、我らが科学は力の手段、物理的支配の道具となり、富の刺激剤、地上の資本活用の道具となって、──《自己目的》的な探求、一種の芸術的活動ではなくなってしまった。かつては消費財であった知識が交換価値になったのだ。知識の効用が知識を一つの商品に変え、そのことによって、いくばくかの傑出した愛好家によってではなく、『普通の人』の欲望の対象になったのだ」（二五─二六頁）。その結果、「我々はうかつにも数に比例した力を相手方に与えてしまったのだ！」（二六頁）。また、訳者の恒川邦夫の解説によれば、ヴァレリーは別のテクストでも次のように述べている。「アジアが組織され、工業設備を持つようになったら、ヨーロッパはどうなるかということを考えるべきでしょう。／文化の点では、今のところ、東洋の影響はそれほど心配することはないと思います。彼らの文化は我々にとって未知のものではありません。我々の芸術や知識の芽はすべて向こうから来ているのです。もし何かしら新しいものが東洋からやってくるのでしたら、我々は東洋からやって来るものを受け容れるのにやぶさかではないでしょう──しかしそうはならないだろうと私は思っています。それこそたのみの綱であり、ヨーロッパがよって立つべきところでしょう」（恒川五〇三頁）、と。これらにみられるのは、ヨーロッパの自負・自尊心と危機感・不安にほかならない。

なぜヴァレリーをとりあげたのかといえば、バウマンのヨーロッパ観とずいぶん違うということを確認したかったからである。もちろん、書かれた時代が違う。百年近い開きがある。それはともかくとして、両者を比べてみると、バウマンのヨーロッパ観の特徴がヨーロッパの自己批判・自己相対化の契機の重要性ということにあることが分かるだろう。バウマンのヨーロッパ論の意義もそこにある。

このような特徴をもつバウマンの議論を援用してみると、丸山の戦略の意義もみやすいのではないだろうか。

丸山は、ヨーロッパの現実を理想視していたのではなく、ヨーロッパという理念に賭けていたのではないか。理念としてのヨーロッパということである。丸山は、現実のヨーロッパを理想視し、現実のヨーロッパに乗り移って、自分を除いた日本社会を批判していたのではない。〈理念としてのヨーロッパ〉という理念に賭け、たえずその理念によって、日本社会を自己批判していたのである。米原謙も同様な主張をしている。そして、吉本隆明による、「丸山が描いているようなイメージとしての『西欧』近代の文物などは、どこにも『実在』していない」という批判（吉本 三〇二頁）について、「丸山批判としては的はずれである」としている。――「確かに丸山の『近代』は西欧近代よりも『近代』的だといってよいが、それはかれにとって方法的前提である。これは後進国の知識人だからこそ切り開きえた地平だった」（米原 九五頁）。

理念からの現実批判は、社会への批判にとどまらず自己にも跳ね返ってくる。こうしたスタンスが、丸山の議論のなかでじっさいどのようになっているかを丹念に追う必要がある。これが、私の丸山論の課題となる。

7 おわりに

このようにみてくるだけでも、現代において丸山を読むことの意義はたやすく予想できるのではないだろうか。

丸山論の中心となるのは、何といっても「近代」へのスタンスであろう。近代主義者として批判されてきた丸山の立場を正確にとらえることが重要なのである。近代的主体とはどのような主体なのだろうか。その主体にとって他者はどのような意義をもっているのだろうか。これは、丸山における近代的主体と他者感覚の問題ということになる。

また、丸山の日本社会への批判のスタンスはどのようなものとしてとらえることができるのだろうか。日本社会批判においてヨーロッパはいかなる位置を占めているのだろうか。これは、知識人としての丸山の社会批判の流儀という問題にほかならない。

さらには、丸山が学生時代に考えていた国家の問題は、「近代」へのスタンスといかに絡んでくるのだろうか。あるいは、学生時代のレポートなど取るに足らないものと切り捨てるべきものだろうか――。これは、丸山における、国家と個人の関連でとらえられる結社の問題として検討できる問題なのではないだろか。

以下の章では、こうした諸問題を中心に、丸山の課題である「近代」がどのようにとらえられたかを論じながら、丸山の現代的意義をみていくことにしたい。

ちなみに、丸山の課題は、社会学にとっても示唆的であるといえよう。というのも、社会学は西欧近代社会の自己認識の学として出発したのであり、日本の「近代」を対象とした丸山眞男の思想的営為をみることは社会学にとっても大いに意義があるからである。本書の丸山論にときどき幾人かの社会学者が登場するのも、私が社会学専攻であるからということにとどまらない意味合いがあるということである。

註

1 いわゆる「自由主義史観」が登場するようになったのは、一九九一年に始まった湾岸戦争をきっかけにしてであるといわれている。そして、その担い手は、「湾岸戦争は、日本の『戦後民主主義』の欠陥を暴き出した驚倒すべき大事件」ととらえる人たちであった。彼らは、「戦後民主主義」の土台となる「平和憲法の鉄鎖から国家というリヴァイアサンをそれこそ『自由』にし、その明確な国家意志の決断に基づいて冷戦以後の国際政治の重要なプレーヤーになること」を主張したのである（姜一四一―四二頁）。

2 リベラルとは異なるリベラリズムを擁護しようとしているのが、「リベラルのことは嫌いでも、リベラリズムは嫌いにならないでください」という刺戟的なタイトルの［井上二〇一五］である。そして、井上は、リベラリズムの二つの歴史的起源として「啓蒙」と「寛容」をあげている。

3 対話と会話の区別の仕方は論者によって多様である。「会話としての正義」を主張する井上達夫の場合、「会話」の意味合いは平田とはまったく異なる。井上によれば、「会話とは異質な諸個人が異質性を保持しながら結合する基本的な形式である」。そして、「会話が異質者の結合を可能にするのは、それがコミューニケイションや言語ゲームとは異なり、共通の目的のための共通の行動計画の共同遂行ではないからである。会話は会話者に何かを分からせたり、何かを承諾させたり、何かへの感動を共有させたり、何か特定の役割を演じさせたりすること等々を本質的な目的としていない。〔中略〕要するに、会話とは行動を共にする人間の結合ではなく、行動を異にしながら同じ共生の営為を営み続ける人間の結合である」と述べている（井上 一九八六 二五四―五五頁）。井上の場合、「会話」は平田のいう「対話」に近いといえよう。ちなみに、井上は、会話が社交体のパラダイムであり、コミューニケイションや言語ゲームは統一体のパラダイムであるとしている（二五五頁）。

4 鷲田清一も同様の議論をしている――。われわれの社会でこれまで求められてきたのは、「たがいによく見知っているひとたちのコミュニケーション」であり、「わざわざ口に出すなんて水くさい」といった「言われなくてもわかる関係」が理想とされた。そこでは、「公」は「官」へと置き換えられてしまっている。「自生的に《公共的なもの》」が立ち上がるためには、コミュニケーションの場が開かれていなくてはならない（鷲田 一三八―三九頁）、と。

5 姜尚中も同様の議論をしている。「億兆一心」や「一億衆庶」というスローガンに示されているように、「戦時体制は、一億近くの『帝国臣民』の三割を占める植民地異民族の動員なしには片時も作動しえなかったのである。この意味での戦後のナショナル・ヒストリーは、この異民族を排除し、その排除に至る歴史を忘却することでかろうじて成り立ちえたのだ」。そして、こうした「ナショナル・ヒストリーの甘美な物語に酔いしれ、あるいはそれを復活させようとする時代こそ、他者の他者性を根こそぎ排除した、帝国の時代とはちがった意味での『魔の季節』ではないだろうか」、と（姜 一五〇頁、一五五頁）。

6 このほか Bauman,1999 pp.6-7: 一〇頁、p.125: 一八四頁など。

7 ここでは、丸山の批判する「寝そべった批判」を、与えられた環境を否定するか否かという観点から現代を「動物化」としてとらえる見方と関連させたが、現代社会に蔓延しているとされる「シニシズム」（cf. Aronson, pp.93-114）と関連させることもできよう。

8 バウマンについては、［中島二〇〇九］を参照のこと。

9 「精神の危機」は「第一の手紙」（初出は一九一九年）、「第二の手紙」（一九一九年）、「付記（あるいはヨーロッパ人）」（もとは一九二二年の講演）からなっている。訳者の恒川邦夫の解説をみておこう。一八七一年に生まれ一九四五年に亡くなったヴァレリーの生涯は「フランス第三共和制の興亡とほぼ軌を一にしている」。世代的には、「ヴァレリーの世代はドイツとの確執につきまとわれ」ていた。「最初の近代戦に敗れ、アルザス＝ロレーヌを割譲した敗戦の屈辱が頭に叩きこまれた世代であったというべきか。しかし、世界大戦のもたらした傷跡は単に仏独の確執にとどまるものではない。めざましい科学技術の進展に伴い人類に明るい未来が約束されているように見えたものが、暗転して、未曾有の兄弟殺しになった第一次世界大戦は、人々の目に〈西欧の没落〉を予告する歴史的な出来事と映った」（恒川 四九五―九六頁）。このように、「精神の危機」は、第一次世界大戦がもたらした衝撃のなかで書かれたのである。

【文献】

阿部謹也 一九九五『「世間」とは何か』講談社現代新書
―――― 二〇〇六『近代化と世間――私が見たヨーロッパと日本』朝日新書

Aronson, R., 2017, *We: Reviving Social Hope*, University of Chicago Press
東　浩紀 二〇〇一『動物化するポストモダン――オタクから見た日本社会』講談社現代新書
Bauman, Z., 1999, *In Search of Politics*, Polity:『政治の発見』（中道寿一訳）日本経済評論社、二〇〇二年
――, 2000, *Liquid Modernity*, Polity:『リキッド・モダニティ――液状化する社会』（森田典正訳）大月書店、二〇〇一年
――, 2004, *Europe: An Unfinished Adventure*, Polity
ベック、ウルリッヒ 二〇〇八『ナショナリズムの超克――グローバル時代の世界政治経済学』（島村賢一訳）NTT出版
井上達夫 一九八六『共生の作法――会話としての正義』創文社
―― 二〇一五『リベラルのことは嫌いでも、リベラリズムは嫌いにならないでください』毎日新聞出版
平田オリザ 二〇一二『わかりあえないことから――コミュニケーション能力とは何か』講談社現代新書
姜　尚中 一九九八「国民の心象地理と脱―国民的語り」、小森陽一・高橋哲哉編『ナショナル・ヒストリーを超えて』東京大学出版会
小森陽一・成田龍一・本田由紀 二〇一五『岩波新書で「戦後」をよむ』岩波新書
間宮陽介 一九九九『丸山眞男――日本近代における公と私』筑摩書房
中島道男 二〇〇九『バウマン社会理論の射程――ポストモダニティと倫理』青弓社
―― 二〇一五『ハンナ・アレント――共通世界と他者』東信堂
成田龍一 二〇一五「〝悔恨〟が誘発する思想――戦後日本知識人の軌跡」『世界』八月号
―― 二〇一六『「戦後」はいかに語られるか』河出書房新社
大江健三郎 二〇〇一『鎖国してはならない』講談社

小熊英二 二〇〇二『〈民主〉と〈愛国〉――戦後日本のナショナリズムと公共性』新曜社
佐伯啓思 二〇〇八『日本の愛国心――序論的考察』NTT出版
佐藤康邦 二〇一六『教養のヘーゲル『法の哲学』――国家を哲学するとは何か』三元社
酒井直樹 二〇一五 「パックス・アメリカーナの終焉とひきこもりの国民主義――西川長夫の〈新〉植民地主義論をめぐって」『思想』第一〇九五号
佐々木俊尚 二〇一五『二一世紀の自由論――「優しいリアリズム」の時代へ』NHK出版新書
恒川邦夫 二〇一〇「ポール・ヴァレリーにおける〈精神〉の意味」、ヴァレリー『精神の危機 他十五篇』(恒川邦夫訳)所収、岩波文庫
ヴァレリー、ポール 一九二四「精神の危機」、ヴァレリー『精神の危機 他十五篇』(恒川邦夫訳)岩波文庫
山之内靖 二〇一五『総力戦体制』(伊豫谷登士翁・成田龍一・岩崎稔編)ちくま学芸文庫
柳父 章 一九八二『翻訳語成立事情』岩波新書
安丸良夫 二〇一二『現代日本思想論――歴史意識とイデオロギー』岩波現代文庫
米原 謙 一九九五『日本的「近代」への問い――思想史としての戦後政治』新評論
吉本隆明 二〇〇一『柳田国男論・丸山真男論』ちくま学芸文庫
鷲田清一 二〇一五『しんがりの思想――反リーダーシップ論』角川新書

第二章　「近代」という課題

「近代」という課題(I)

1　はじめに

丸山が生涯を通じて問題にしたのは何だろうか。――それは、「近代」と「開国」という二つにまとめることができるだろう（宮村 二〇〇一 二九頁）。「近代」と「開国」には、近代的思惟、近代的主体、自由、他者感覚、デモクラシーなど、さまざまなテーマが詰まっている。それら、丸山が課題としたものを、ここでは、大きく「近代」と「開国」で代表させようということである。しかし、「近代」と「開国」とはまったく別箇のものではないだろう。二つを別々に扱わなくても、「近代」をつきつめていけば「開国」もおのずと関係してこよう。丸山が課題とした「近代」を問うていけば「開国」という課題への丸山の答えも出てくるはずである。こうした見通しのもと、「近代」という課題に丸山がいかに取り組んだかをみていきたい。

日本軍国主義に終止符が打たれた八・一五の日はまた同時に、超国家主義の全体系の基盤たる国体がその絶対性を喪失し今や始めて自由なる主体となった日本国民にその運命を委ねた日でもあったのである。（「超国家主義の論理と心理」（一九四六）集③三六頁）

これは、「超国家主義」論文（一九四六）の結びで述べられている。日本国民は八月一五日に自動的に「自由なる主体」になったわけではないのは、いうまでもない。その手に運命が委ねられたということである。主体的に自らを鍛えあげていかなければならないということである。[1] 丸山自らも、この課題に生涯を通して立ち向かった。それは、知識人としての使命であった。

ちなみに、これとは異なった解釈もあるようである。評論家の高澤秀次は、丸山のこの箇所を何度か引用しながら、「冷静に読み返した読者は、おそらくこの『自由の主体』のくだりに、当惑を禁じえまい」として、次のように述べている。「丸山の論旨は、誤読の余地がないほど明快である。日本の敗戦によって、国体がその絶対性を喪失したと同時に、日本の国民は無条件に『自由なる主体』となったと、丸山は語るのである」（高澤 二九頁）、と。あるいは、「『自由なる主体』は、まさに天からの恵みのように、敗戦にうち拉がれた日本国民にもたらされたことになるのだ。それは丸山的に言うと、『作為』によってではなく、『自然』に授かった恵みだったのである。／前近代的な主体からの、このあまりにも物語的な飛躍！」(三〇—三一頁)。「誤読の余地がない」とは思われない。丸山は、全力で格闘すべき課題であることを示しているのではないのか——。いずれにせよ、丸山のこの箇所をどのように読んでいくべきかは、このあとの議論によっておのずと明らかになっていくであろう。

丸山は、敗戦直前の一九四五年七月九日付の、恩師のひとりである岡義武あての書簡で次のように書いている。——「東京の戦禍のなかに奇蹟的に我々の職場が残ってゐることは、なにか責任の重大さといふ様なものを感じます」。「窓から夕映に照り映へる瀬戸内海の島々を眺めますと、この美しい国土に、美しい生活を再び築き上げる日まで、私達は命のかぎり努めねばならぬと切に感じます」(書簡①一三頁)。東京帝国大学の助教授であった丸山の、知識人としての覚悟が感じられよう。

丸山は「近代」という課題にどのように格闘したのだろうか。——これが本章の問いである。

2 「近代」を問うこと

「近代」は現代でも課題たりうるのだろうか？　丸山自身、もう三〇年以上も前に、『日本政治思想史研究』(一九五二)の「英語版への著者の序文」(一九八三)において次のように書いている。

――「何故、著者は『近代意識』の成長という観点で徳川思想史を叙述することにかくまで拘泥したのか、ということを今日の読者は不思議がるにちがいない」（集⑫九二―九三頁）、と。「近代意識」にこだわり続けることの意義がもうすでに一般には理解されにくいと、丸山自身が感じていたということである。ましてや、われわれの生きる現代は、ポストモダン論やポストモダニティ論でさえもう一昔前の流行だと感じられる時代である。「近代」を問うことの意味・意義について、改めて考えてみる必要があろう。

丸山が「近代意識」の成長ということにこだわっていたのは、周知のように、当時、「近代の超克」論がいわれていたからである。「現代の世界史は英米仏等『先進国』が担って来た『近代』とその世界的規模の優越性が音を立てて崩れ、まったく新しい文化にとってかわられる転換点に立っている」（九三頁）という主張である。この主張は、「英・米・仏などによって代表される『時代おくれの自由主義的諸イデオロギーを打倒し、日本・ドイツ・イタリーなど枢軸諸国が先頭に立って推しすすめている「世界新秩序」の建設に協力することこそ知識人の使命である』という斉唱（中略）のとどろきに呑みこまれ合流する傾向を強く帯びていた」（九三―九四頁）。こうした「近代の超克」論に対して、丸山をはじめとする一群の知識人はどのように対応したのか。

問題は「連合国対枢軸国という国際的対立」にとどまらなかった、と丸山はいう。「この主張は、『近代』の病理が明治維新以後の日本のあらゆる領域に浸潤し、とくに知識人社会はもっともその病患に蝕まれている、という診断を伴っていたからして、問題は〔中略〕、同時に、日本の国内のイデオロギー的斉一化《グライヒシャルトウング》の要請を内包していた。従って、『近代の超克』論と、それを背後から支えている全体主義的な潮流とに対して強い抵抗感を持った知識人や研究者は、それぞれの分野で、まさに贖罪羊《スケイプゴート》にされている『近代』を擁護するのを自分たちの義務と感じたのである」（九四頁）。「近代の超克」の斉唱に抗して「近代」を擁護しようとした丸山には、引用にもみられるように、個人の思想やイデオロギーが斉一化されることなどあってはならないという危機感があった。そもそも個人の自由それ自体が「近代」の内包するものであろうから、ここには、丸山が擁護しようとした「近代」が奈辺にあるかということも示唆されているといえよう。

次に問題とすべきは、そうした「近代」擁護は、現在いかなる意義をもちうるか、ということである。というのも、丸山にとって問題は「近代」の欠如だったとすれば、現代においてはむしろ「近代」は過剰だとする見方があるからである。今日の日本が直面しているのは、「近代」の欠如ではなく、「近代」の過剰だとする見方である。

こうした見方への批判という観点から、冨田宏治は、「日本のポスト・モダニスト」の「近代主義」批判について、次のように位置づけている。「西欧近代の自己批判としての『近代』批判の論理を、『近代主義』ないしは『近代主義者』＝丸山眞男の『近代性』を批判する他者批判の論理へと横滑りさせたものにすぎない。それは、丸山の思想を日本への自己批判として〔中略〕扱うのではなく、もっぱら、『近代』の擁護者、肯定者としてのみ扱うことによって、批判の対象とする」（冨田 一三二頁）、と。丸山が「近代」をどのように擁護したか、丸山にとって「近代」とはいかなるものかを考えるときに、日本の近代の自己批判という契機は見逃すことはできない。丸山自身も、次のように述べている。

ミッシェル・フーコーやレヴィ・シュトロースなどとダべって感じたことは、彼等の西欧近代に対する自己批判の熾烈さであり、みずからの盤石の如き伝統（フランスの場合は、とくにカルテジアニスム）にたいする必死の闘争です。果してわれわれ日本人はあれと同様の自己批判を日本の近代にたいして行っているのか、明治以後の思想と学問のパターンと同様に、「あちらでも近代は――あるいはかくかくの思想は――かくかく批判されているじゃないか」という形のその時々のヨーロッパ思潮よりかかりの姿勢から脱していないのではないか――との疑問を、最近の「評論」のたぐいに感ぜざるをえないのです。（書簡⑤三四九頁 一九八五年八月藤原保信あて）

丸山がここで課題として強調しているのは、日本の「近代」への自己批判ということである。西欧近代の自己批判を、丸山への批判に横滑りさせても何の意味もない。丸山が課題としていたのは、「日本の思想」論文の表現を用いれば、次のようになる。

むろん私達はヨーロッパにおけるキリスト教のような意味の伝統を今から大急ぎで持とうとしても無理だし、したがって、その伝統との対決（ただ反対という意味ではない）を通じて形成されたヨーロッパ的近代の跡を――たとえ土台をきりはなして近代思想に限定しても――追えるものでもないのも分りきった事だ。問題はどこまでも超《スーパー》近代と前近代とが独特に結合している日本の「近代」の性格を私達自身が知ることにある。（「日本の思想」（一九五七）集⑦一九四頁）

ここでは、日本の近代への自己批判は、「超《スーパー》近代と前近代とが独特に結合している日本の『近代』の性格を私達自身が知ること」と述べられている。日本の「近代」の自己認識の必要性の主張にほかならない。

丸山は、麻生義輝の遺稿である『近世日本哲学史』の書評をしながら、明治の欧化のありようを問題にしている。そこでは、物質文明と精神的文化とが区別され、精神的文化の欧化の研究は立ち遅れているが、「精神的分野に於けるヨーロッパ的なるものの浸潤の程度こそ日本の近代化の全現象を測定するバロメーターである」（「麻生義輝『近世日本哲学史』を読む――日本哲学はいかに「欧化」されたか」（一九四二）集②一八二頁）、と述べている。麻生の著書の書評をしたのも、「精神文化の中でも就中内奥の座を占めるのが哲学」という考えからである（一八二頁）。

丸山は、日本がヨーロッパ文明と全面的な接触をはじめたときのヨーロッパ精神界の状況を次のようにとらえている。「ヘーゲルの壮大な体系が脆くも崩壊して後、もはやヨーロッパは内面的支柱を失って、ひたすら経験的＝現実的な生活に眼を奪われていたいわば哲学的不毛の時代であった。自然科学のめざましい興隆、産業技術の変革に伴う物質的生活様式の急激な進歩、市民の政治生活への広汎な参与、こうした一連の現象は到底ひとびとの心を内部に向ける余裕を与えない」（一九〇頁）、と。こうした事情もあって、この時期の「啓蒙哲学の流入様式は、その後の一切のヨーロッパ思想乃至哲学の摂取の雛型となった」（一九二頁）。そして丸山は、ヨーロッパ精神の受容の仕方を、次のようにまとめている。「近代日本は一切のヨーロッパ精神を、物質文明を採用するのと全く同じ様式で受取ったのである。受取られたものは受取る主体の内面に立ち入って内部から主体を変容する力をもたずに、単に主体にたいして外から付加されるにとどまる。内面に沈殿しているものは依然それと並んでいわば無関係に存続する。時あってこの内面に潜むものが頭をもたげ、胴震いを一つすれば、付属物は忽ち振落されてしまうのである。これが日本に於ける近代欧州精神に終始与えられた地位である」（一九二―九三頁）。そして、カール・レーヴィットの言葉を引用している。――「勿論学生は懸命にヨーロッパの書籍を研究し、事実またその知性の力で理解してゐる。しかし彼等はその研究から自分たち自身の日本的な自我を肥やすべき何等の結果をも引き出さない。

……二階建の家に住んでゐるやうなもので、階下では日本的に考へたり感じたりするし、二階にはプラトンからハイデッガーに至るまでのヨーロッパの学問が糸を通したやうに並べてある。そしてヨーロッパの教師は、これで二階と階下を往き来する梯子は何処にあるのだらうかと、疑問に思ふ」（一九四頁）。レーヴィットによる、この、「伝統的＝慣習的感覚とヨーロッパ的学問との無媒介的並存の指摘」（一九四頁）をうけて、丸山は以下のように述べている。「果して然りとせば、我が国が真の意味に於てヨーロッパ精神と対決したことはいまだ嘗てないとすらいえるのではないか。むろん、これは一つの歴史的事実の確認の試みにとどまる。この事実から如何なる当為が生れるか、――それは自ら別個の問題としてもはやこの小稿の範囲を超える」（一九四頁）、と。[2]

いかなる当為が生まれるか――これが、その後の丸山の課題となったといえよう。一九四二年のこの麻生書評で述べられていることは、前述のように一九五七年の「日本の思想」でも詳しく論じられているところであり、丸山が生涯にわたって追究した、日本の「近代」の性格をいかにとらえるかという課題の核となるものである。

丸山が福沢惚れを自認する理由の一つは、こうした文脈においてもとらえられる。「日本の主体的な独立と近代化を命がけの実践的課題として提起した」書物である『文明論之概略』を、丸山は高く評価している。[3]評価の理由は、「まことに危うい『アンビヴァレンス』の上に立っていた」福沢のスタンスにある（「近代日本における思想史的方法の形成」（一九六一）集⑨九三―九四頁）。丸山によれば、「『一身二生』あるいは『一人両身』という洋学者の自己認識はそのまま維新日本の世界における自己認識でなければならない」(九三頁)。この「アンビヴァレンス」が消失してしまい、「もし『純然たる日本文明』をすでに自己の生活経験のなかに持たない世代がそれを『臆測推量』するようになるならば、あるいはまた、ヨーロッパ文明を未知なるものへのみずみずしい感受性と混沌としたものへの冒険の意識なしに、あたかも西洋の学者のように『既に体を成したる』ものとして受けとり、その『内に居る』つもりで日本の歴史的現実をながめるようになるならば、日本人の文明論と文明史にたいして福沢が保証した客観性の根拠はもはや維持されなくなるからである」(九四頁)。丸山の福沢惚れの理由は、「一身二生」を基盤にした、福沢による「日本の自己認識」(九四頁)の方法にあるといえよう。丸山が課題とする日本の「近代」への自己批判のありうべきかたちは、福沢のなかに見出されているのである。

3 新しい規範意識に支えられた主体

では、丸山は「近代」のどこを、何を擁護しようとしたのだろうか?

丸山が問題にしているのは「近代化のパターン」である――「近代社会をいわばたえず再生産して行く主体として理解するか、それとも出来上っちゃって近代社会のなかにあぐらをかく精神を意味するか」が大事である。「近代社会をつくって行く、あるいはその近代化を押しすすめて行くエトスというか、エネルギーというか」、そうした「ある意味では非合理的なもの」をとらえないといけないというのが、丸山が近代をとらえるときの核になるものである（「丸山眞男氏との一時間」（一九六〇）座談④三八頁）。丸山にとって重要なのは、「近代社会をたえず再生産して行く主体」「エトス」を確立していくこと、そのための障害の剔抉ということである。

では、この主体はいかなる方向でとらえられるか？

「日本における自由意識の形成と特質」（一九四七）という短いが興味深い論文がある。この論文は、一七世紀イギリスの思想史を参照しながら、「日本における近代意識の成熟過程」（集③一五五頁）を問題にしたものである。「自由とは第一義的に拘束の欠如」ととらえるフィルマーやホッブスと、「より積極的に理性的な自己決定の能力」ととらえるロックが対比され、「拘束の欠如としての自由が、理性的自己決定としてのそれへと自らを積極的に押進めたとき、はじめてそれは封建的反動との激しい抗争において新らしき秩序を形成する内面的エネルギーとして作用しえたといいうる」と、ヨーロッパ近代思想史をとらえている（一五四―五五頁）。拘束の欠如としての自由は理性的自己決定の自由へと転化しなければならないのである。

これに照らしたとき、「日本における近代意識の成熟過程」はいかにとらえられるか。丸山は、宇宙と人間とを貫通する形而上学を樹立した朱子学の思惟方法に対するアンチテーゼを徂徠学のなかに見出し（「近世儒教の発展における徂徠学の特質並にその国学との関連」（一九四〇）集①一四三頁）、そして徂徠学の思惟方法を継受しながらこれをまったく転換させた宣長学の成立までをたどった（一三八頁）「近世儒教の発展における徂徠学の特質並にその国学との関連」論文（一九四〇）での議論を踏まえながら、次のように指摘している。

徳川期は「儒教的思惟様式」、つまり「思惟様式にまで自らを普遍化したところの儒教」にほとんど覆い尽くされていたが、「徳川期思想史は一言にしていえば、この儒教的規範が次第に人間内面性から疎外され、他律的拘束としての性格を濃化し来った過程」（「日本における自由意識の形成と特質」集③一五六頁）である。しかし、「アンシャン・レジームにおける規範意識の崩壊がひたすら『人欲』の解放という過程を辿ったということは同時にそこでの近代意識の超ゆべからざる限界をも示している」（一五七頁）。ここでは、「一切の儒教的思惟に対する敵対者として登場した国学思想」が念頭に置かれている（一五六頁）。その限界とは、「単に感覚的自由の立場にたてこもることはなんら人間精神を新らしき規範の樹立へと向わせるものではない」（一五七頁）ということである。逆にいえば、新しい規範が樹立されなければならない、と丸山は考えているのである。「新らしき規範意識に支えられてこそひとは私生活の平穏な享受から立ち出でて、新秩序形成のための苛烈なたたかいのなかに身を投ずることが出来るのである」（一五七頁）。自由観の二つの対立と関連させていえば、「徳川体制下において、拘束の欠如としての感性的自由が自己決定としての理性的自由に転化する機会はついに到来しなかったということ」（一五八―五九頁）である。

では、そのあと、明治維新になるとどうか？――「徳川時代にいわばなしくずしに進行して来た『人欲』の解放過程を一挙に押しすすめたという点にその意義と限界を持った」（一五九頁）と丸山はみている。例外は明六社の知識人であり、彼らには「規範創造的な自由観」を見出すことができる（一五九頁）と、丸山は高い評価をしている。しかし、概していえば、「旧体制下に抑圧せられていた人間の感性的自然の手放しの氾濫となって現われた」（一五九頁）ということになる。しかし、「感性的自由の無制約的な謳歌」は「近代国家を主体的に担う精神」を生み出さない、と丸山は指摘する（一六〇頁）。「自己の行為を内部から決定するなんらの基準」をももちえないからである（一六〇頁）。

ここからいかなる課題が出てくるか？――「吾々は現在明治維新が果すべくして果しえなかった、民主主義革命の完遂という課題の前にいま一度立たされている。吾々はいま一度人間自由の問題への対決を迫られている」（一六一頁）。これが、丸山の結論である。そして、「モラルの確立」と「制度的変革」、あるいは「意識の変革」と「制度の変革」は切り離しうるものではなく、「同一の地盤に立つものにほかならぬ」とされているのである（一六一頁）。

丸山は「民主主義革命の完遂という課題」は「人間自由の問題への対決」という問題にほかならないととらえていた。この文脈で、丸山が論文「日本におけるナショナリズム」（一九五一）に後に加えた「追記および補註」（一九五六）でなされている議論が興味深い。それは、戦後ナショナリズムの問題、つまり戦前のようなナショナリズムが復活される条件と可能性をめぐるものである（集⑥二七六頁）。「支配層の反動化の方向」の一つと考えられる「『民主的自由』の概念の再定義を通じての劃一化」（二八五頁）に関連して、丸山は次のような重要な指摘をしている。丸山は、「自由の私化（privatization）」と「私的自治（Privatautonomie）」とを混同してはならないという。「思想・信仰・言論等々の自由が『私事』として、その不可侵が国家権力によって承認されたことは、近代国家における市民の公事（public affairs）参与の前提条件をなすものであり、公権力の具体的な行使が私的自治を伸長するか抑圧するかということが、市民の権力への監視の基本観点となっているのが、ノーマルな市民的デモクラシーのあり方なのである。（その意味でそうした『私的』な関心を基盤としない滅私奉公的な政治『翼賛』はなんら本来の民主主義的な公事参与ではない。）これに対して、ここでいう自由の『私化』は、狭い日常生活とくにその消費面への配慮と享受に市民の関心が集中し、そうした私生活の享受が、社会的政治的関心にまで高められない状態、またはそうした上昇をチェックしようとする動向を指すのである」（二八九頁）。自由の私化はまた「狭い個人主義」とも呼ばれ、トクヴィルを引き合いに出して、それが「政治権力の専制化」と矛盾しないことが指摘されている。

このようにみていくと、「自由の私化」とは区別される「私的自治」を確立するという「人間自由の問題への対決」こそが、「民主主義革命の完遂という課題」にとって不可欠だという丸山の論点が、よく理解できるのではないだろうか。新しい規範意識に支えられた主体が、自ら新しい秩序を形成していかなければならないのである。そのためには、「モラルの確立」ないし「意識の変革」が必要ということである。これは、結局、人間論が問われなければならないということである。

また、「唯物史観と主体性」と題された一九四八年の座談会が興味深い。

ラスキを踏まえて、丸山は、「集団に対する義務」のほかに、「自己に対する義務」もあると主張し、「自己に対する義務を放棄することは人間であることを放棄するに等しい」と述べている（座談①一三六頁）。丸山によれば、人間的本質は「単なる動物的な存在でない何かそれ以上のもの、ヒューマニティーといわれるもの、価値的に他の存在から区別されているもの」ととらえられる。この観点から、丸山は、人間をバイオロジカルなものとしてとらえる宮城音弥を批判している。――「そういう生物学的なもののために、自分を犠牲にし、生命を投げ出して運動するというのですか」、と。そうであるならば、「ただ官能的な享楽をしていればよいので、わざわざ苦難の階級闘争にはいる必要もない」（一二六頁）。

人間の本質は生物学的なものに求められるのではなく、人間にとっての価値やエートスの意義が強調されているのである。

丸山は「近代化」概念においても「エトス的側面を不可欠の契機」とみている（「イデオロギーと科学」（一九六六）座談⑥二八九頁）。「何らかの自分のよって立つ価値――もちろんその価値の存在的基盤はあるけれども――、現存在を超えた目に見えない価値にコミットしないと、目に見える存在に引きずられて考え方を変えてしまう。結局、状況追随になってしまう」(「梅本克己の思い出」(一九七九)座談⑧一七八頁)。これが、人間の価値的側面を強調する丸山の人間観であり、歴史観であるといえる。

二十世紀研究所(一九四六年設立、四八年活動停止)という場で丸山と活動をともにした清水幾太郎によれば、所員たちがよく議論したのは「科学と価値」というテーマであったという。それは、「人間の行為において主たる役割を果すものは、科学であるか、価値であるか」に関わるものであり、科学と価値が一つに融合しているマルクス・レーニン主義から、所員たちが「或る距離」を保っているからこそ生じてくる問いであった。そして清水は、科学を重くみるのが宮城、価値を重くみるのが丸山、中間にいるのが大河内一男であった、と証言している(清水七五―七六頁)。

ここでの論点はマルクス主義批判とも関連している。

主体やエートスを問題にしていないことが、丸山にとって、「今までのマルクス主義者の説明で納得のいかない」点であった(「唯物史観と主体性」座談①一一五頁)。かくして、宮城音弥の「マルクス・アンド・フロイト」の立場に対して、丸山は「マルクス・アンド・フロイト・アンド・エトスというべきだ」としている(一四〇頁)。「ぼくをマルクス主義者にさせなかったひとつの重大な契機」を「道徳の説明」だとしている丸山は、カウツキーにおいては、道徳が階級闘争の手段・道具・武器にされてしまっている、という(「梅本克己の思い出」(一九七九)座談⑧一七六―七七頁)。これも、エトスが重要であることを踏まえての発言であろう。

もちろん、主体性をもち出せばすべて解決するわけではない。「主体性は回答ではない」のである。とはいえ、「一つの問題設定として主体性をもって来るなら、そこに十分考慮さるべき問題があるのではないか」と丸山は述べている（「唯物史観と主体性」座談①一四一頁）。主体性は回答ではなく「問題設定」である。主体性という問題を立てて、それに向かって進んでいく――これが丸山の問題意識であろう。本章の冒頭で指摘しておいたように、「自由な主体」がある日とつぜん与えられたというものではまったくないのだ。

まとめておこう――。

丸山は「新しい規範意識に支えられた主体」を要請し、そのための新たな自由観、「民主主義革命の完遂」を課題としている。これが、丸山にとっての「近代」である。これを一言で「精神革命」と呼ぶこともできよう。「精神革命」は丸山自身が用いている言葉である。――「日本の直面する課題は旧体制の社会変革だけでなく、われわれ自身の『精神革命』の問題である」（「近代日本の知識人」（一九七七）集⑩二五六頁）。このように、精神革命は社会変革との対で用いられ、社会変革と並んで重視されているものである。精神革命／社会変革の対は、すでにみた、モラルの確立／制度的変革、あるいは意識の変革／制度の変革という対と異なるものではない。ここで精神革命という用語の方を用いるのは、モラルの変革や意識の変革は、丸山にとって〝革命〟と呼ばれるほど困難なものであることを強調しておきたいからである。[4]

4 「近代主義」批判の再検討

ここで、子安宣邦の丸山批判をみてみよう。

子安は、京都学派の「世界史的立場」の近代の超克論や竹内好の議論を検討した後、丸山について次のように述べている。――「丸山は意識してか、彼らが超克を主張した『近代』を『近代的思惟』に置き換える。彼らの主張を『近代的思惟の超克』という奇妙なことばに置き換えることによって、丸山はその『悲惨さと滑稽さ』をいうのである。しかしこの意図的な置き換えのうちに丸山における近代日本についての反省的な認識の構造を、あるいは『近代』への問題構成のあり方をうかがうことができる。丸山の反省的な認識において近代日本とは、『近代的思惟』の未成熟な社会からなる国家、したがっていびつな形で、内発的な力を伴わずに強いて発展せしめられてきた国家である。にもかかわらず、人々の意識においては先進欧米諸国に伍しうる大国とみなされてきた。その矛盾が国家的な破局として示されたのがこの敗戦である」（子安 二〇〇三 一二一―一三頁）。「日本の企てた戦争とその敗戦は、近代的思惟において未成熟な、また近代社会の合理的構成において不完全な日本国家からもたらされる非合理的な、しかし必然的な政治的結果であると。丸山の反省的認識において近代日本、ことに昭和の日本はこのようにとらえられる」（二一四頁）。

子安は、丸山の「超国家主義の論理と心理」論文をこの立場の典型として位置づけたうえで、次のように指摘している。――「だが当時の読者が丸山のこの論文を歓喜して迎えたとき、近代日本国家への己れの視点を、近代的な論理的構成において不完全な日本社会の、その構造的な病理への視点に規定してしまったことを気づきはしなかったのだ。あえていえば、戦後の日本社会への自己言及的な言説の基本型をこの論文が規定してしまったことを、この論文をよろこび迎えた当時の読者も、そしてそれ以後の読者も知ることはないのである。／日本の天皇制国家における権力構造の病理を日本社会の構造的な病理として剔出する丸山の〈ブリリアント〉な論理の展開を、われわれは今しかと見とどける必要がある。この論理の展開こそ、人々の視点を、学術的な言説におけるばかりでなく、評論的な解説的言説における日本社会への分析視点を、その構造的な病理の分析へと規定してしまったものであるのだ」（二一五頁）。

子安の批判は、丸山が一九四五年の日本の敗戦という国家的挫折に直面せず、問題を近代的思惟の未成熟に縮減してしまったということであろう。[5]とはいえ、近代的思惟に限定することそれ自体に問題があるとはいえないのではないか。それは、研究者の問題関心からする限定であって、丸山は対象について自らが構成したものであることは当然承知している。丸山は、吉本隆明からの「学者でもなければ思想家でもない奇怪な化物」と評されたことに触れて、次のように書きとめている。――「私が雑誌に書きちらして来た対象的には実に雑多な論文の方法論的視角は、どうしたら日本的な『認識の客観性』についての因襲的なイメージと、思想やイデーについての同じく根強いイメージをこわし、両者がきりむすぶ場を設定するかという点にあった」（対話二四九頁）、と。丸山によれば、認識の客観性とは、「クソ実証主義」でも単なる論理的整合性でもない。「認識することは自己の責任による素材の構成という契機をめぐって不可避的に思想と価値判断の領域にふみ入ることを自覚しなければならない」（二四九頁）。他方、思想は、学問的認識の代用をするものでも、それより尊いものでもない。「自己のアスピレーションを外に投射するだけの思想、自己表白と感慨の吐露にすぎない思想がいかにハンランしていることか。一方、主体的なコミットメントを欠いだ『認識』に安住する学者にも満足できず、他方、思想、世界観等々をどんな美しいコトバで表現しようと、ザハリヒな認識、鉱物質のようにつめたい認識への内的情熱をほとんど理解しない思想家たちにも左袒できない私は『化物』たらざるをえないではないか」（二四九頁）。

吉本からの批判に対して表だって反論をしなかった丸山であるが、公開を予定されていなかったノートでは、以上のように述べていたのである。主体的なコミットメントをともなわない認識も、ザハリヒな認識への内的情熱を理解しない思想も否定されている。学問的認識と思想とが切り結ぶ場を設定するのに腐心していた丸山の思いがこもっている。「近代」という大きなテーマに立ち向かっていた丸山の根本のところにある問題関心であろう。こうした方法論をとる丸山にとって、「当時の読者が丸山のこの論文を歓喜して迎えたとき、近代日本国家への己れの視点を、近代的な論理的構成において不完全な日本社会の、その構造的な病理への視点に規定してしまったことを気づきはしなかったのだ」という見方があるとすれば、誤解もはなはだしいし、そういう見方こそが読者を馬鹿にしたものではないか、と反論することであろう。

丸山の方法論への子安の批判はまだ続く。——「丸山がこのように日本近代社会の病理をえぐり出すにあたって、一方に『近代』は理念型的に構成されることになる。〔中略〕日本の権力構造における権力者の主体的意識の欠如は、『自由なる主体意識を前提』している政治権力の理念型との対比のもとに指摘されていた。もっともここで丸山は、『本来の独裁観念は自由なる主体意識を前提としている』といっているのであり、本来の独裁観念が前提する主体意識を『近代』の理念型と呼ぶのはかなりはばかられる」（子安二〇〇三　二一七頁）。だが丸山は、「本来の独裁観念」といい、ニュールンベルク裁判での「ゲーリングの哄笑」とは対照的な、東京裁判での「弱々しく哀れな」わが国の権力者についての描写を引き合いにだしている、と子安はいう。そして、「そこには意図せずして見せてしまった丸山の論理の欠陥があり、思わずしておちいる論理の陥穽がある」として、子安は次のように述べる。「その主権概念を理念型的に立てることによってする丸山の視角から見出されるのは、ただその主権概念において不完全で、未成熟な日本近代の権力構造の病理のみであるだろう。理念型的な『近代』の構成とともに、他方に『日本近代』の病理をめぐる言説が構成されることになるのである。そして日本近代国家の病理のみが丸山の視角に現われる反面、ナチス独裁として現出した近代国家ドイツはその視角からはこぼれ落ち、ただ独裁の名に価しない日本の不完全な権力構造と弱々しい権力者への風刺的言及のうちにのみ登場することになるのである」（二一八頁）。そして、別の論文ではあるが、次のようにも述べられている。「『近代』主義は、そもそも『近代』そのものを問い、告発する視角をもたない。だがひるがえって思えば、『近代の超克』を主張した歴史哲学者もまた己れの批判的視角から免れさせたのは『日本の近代』であった。〔中略〕ところでその歴史哲学的言説と抗争する『近代』主義もまた、総力戦を遂行している、あるいは遂行したこの近代日本国家の『近代』を告発し、分析する視角をもたない。戦争を遂行した日本国家を眼前にして『近代』主義は、その権力構造と権力行使の病理を日本社会の構造的病理として、己れの言説上にただ描きだしていったのである。それはまさしく『近代』主義の錯誤であり、それがおちいる陥穽であった[6]」（二四四―四五頁）。

ここでの子安の議論は、理念型的方法の誤解にもとづくものではないのか。理念型は、理想的な像などではまったくないことはいうまでもない。理念型は、現実をある観点から抽象して構成したものであって、現実をまるごととらえたものではない。こぼれ落ちるものがあるのは当然である。いま一度繰り返せば、「認識することは自己の責任による素材の構成という契機をめぐって不可避的に思想と価値判断の領域にふみ入ることを自覚しなければならない」（対話二四九頁）ということだ。素材の構成としての認識には、ある断念がともなっている。このことは、きちんと押さえておかなければならない。丸山は、実感信仰と理論信仰の果てしない悪循環（「日本の思想」集⑦二三八頁）という現状認識に触れつつ、次のように述べている。――「理論家の任務は現実と一挙に融合するのではなくて、一定の価値基準に照らして複雑多様な現実を方法的に整序するところにあり、従って整序された認識はいかに完璧なものでも無限に複雑多様な現実をすっぽりと包みこむものでもなければ、いわんや現実の代用をするものではない。それはいわば、理論家みずからの責任において、現実から、いや現実の微細な一部から意識的にもぎとられてきたものである。従って、理論家の眼は、一方厳密な抽象の操作に注がれながら、他方自己の対象の外辺に無限の曠野をなし、その涯は薄明の中に消えてゆく現実に対するある断念と、操作の過程からこぼれ落ちてゆく素材に対するいとおしみがそこに絶えず伴っている」（二三九頁）、と。丸山のこの議論はとくに理念型的方法を念頭においたものではないが、理念型的方法ということであれば、複雑多様な現実に対するこの断念はなおさらのことである。「近代」をまるごととらえうるはずもないという断念が丸山にはあるといってもよい。子安は、丸山の「近代主義」について、「ファッシズムへの抵抗の意識をもって、ある『近代』理念が擁護され、そしてその『近代』の未確立の国家社会の構造的病理を剔出し、批判するような『近代』についての新たなディスクールが成立する」（子安二〇〇三　二二九―三〇頁）という位置づけをしている。たしかに、そういう位置づけになるだろう。だが、そこには丸山の断念、すなわち自覚された方法論的限定があることをみなくてはならないのではないか。

子安は、「既成の『近代』認識の欠落と新たなモダニズムの批判的分析にとってもつ有益性を示唆している」と評価して、ジェフリー・ハーフというアメリカのドイツ現代政治史研究者の言葉を、一つの考察の最後に掲げている。――「近代性一般というようなものは存在しない。複数の国民国家があり、それぞれの国民国家が、それぞれ独自のやり方で近代的社会に変化するのである」(二一九頁)、と。ハーフのこの言葉はごく常識的な主張である。反対する理由はない。近代的社会への道筋は一つでないことは、今や当たり前の認識である。そこで、問題となるのは、子安が論文の最後尾にこの言葉を掲げることによって何を主張しようとしているかということである。子安は、近代性を何に求めるかを想定することさえ禁じようというのだろうか。近代性を理念型的にとらえ、それとの距離によって現実をとらえることは何ら問題ではない。問題なのは、近代性への道筋は一つしかないと想定することにすぎない。

以上のように、丸山は、西欧近代の自己批判によりかかるのではなく、日本の「近代」の自己批判・自己認識が必要だという観点から、民主主義革命の完遂という課題のために新しい規範意識に支えられた主体を確立することを主張したのであった。

註

1　日本の敗戦に際して、日本の国民が「敗北を抱きしめ」ながら、さまざまな立場からさまざまな形で再出発のために行動したその姿を描いたのが、ジョン・ダワーの『敗北を抱きしめて』である、ということができよう。ちなみに、「敗北を抱きしめて」というフレーズが意味することについて、ダワー自身は以下のように述べている。――「日本は、世界に数ある敗北のうちで最も苦しい敗北を経験したが、それは同時に、自己変革のまたとないチャンスに恵まれたということでもあった。『よい社会』とは何なのか。この途方もない大問題が敗北の直後から問われはじめ、この国のすみずみで、男が、女が、そして子供までが、この問題を真剣に考えた。それは、かつてないチャンスであった。とはいえそれは戦勝国アメリカが占領の初期に改革を強要したからだけでなく、アメリカ人が奏でる間奏曲を好機と捉えた多くの日本人が、自分自身の変革の筋立てをみずから前進させたからである。多くの理由から、日本人は、『敗北を抱きしめ』たのだ。なぜなら、敗北は死と破壊を終わらせてくれた。そして敗北は、より抑圧の少ない、より戦争の重圧から自由な環境で再出発するための、本当の可能性をもたらしてくれたからである」（ダワー 上 xvii―xviii 頁）。

2　丸山は、この部分を略しているが、レーヴィットの考え、そしてそれを踏まえた丸山の考えがよくわかるところなので、原著から省略部分を引いておこう。――「かれらはヨーロッパ的な概念――たとえば『意志』とか『自由』とか『精神』とか――を、自分たち自身の生活・思惟・言語にあってそれらと対応し、ないしはそれらと食い違うものと、区別もしないし比較もしない。即自的に他なるものを対自的に学ぶことをしないのである。ヨーロッパの哲学者のテキストにはいって行くのに、その哲学者の概念を本来の異国的な相のままにして、自分たち自身の概念とつき合わせて見るまでもなく、自明でもあるような風にとりかかる。だから、その異物を自分のものに変えようとする衝動もぜんぜん起こらない。かれらは他から自分自身へかえらない、自由でない、すなわち――ヘーゲル流にいえば――かれらは『他在において自分を失わずにいる』ことがないのである」（レーヴィット 一一七―一八頁）。

なお、レーヴィットの引用は、一九四〇年に『思想』に発表された「ヨーロッパのニヒリズム」論文に付された「日本の読者に与える跋」からのものである。このとき、レーヴィットは、第三帝国の迫害を逃れ日本に滞在し、東北帝国大学等で教えていた。

3 安川寿之輔は、福沢諭吉が大日本帝国憲法を手放しで賛美し、教育勅語を受容・肯定していたとし、「典型的な市民的自由主義の政治観」という丸山の福沢評価を批判している。丸山の福沢観は、「作為的な引用と、不都合な部分は引用しないというご都合主義によってつくりあげた『丸山諭吉』像そのものであるといわざるをえない」（安川 四七頁）というのが、安川の根本的な主張である。安川の丸山批判が妥当かどうか、したがって丸山の福沢解釈が妥当かどうかは、私の関心ではない。私が関心をもつのは、福沢をはじめとする思想家についての丸山の思想史的研究から、現代社会理論（に関心をもつ者）はいかなる示唆を得られるかということである。

4 この点については、本書第三章を参照のこと。

5 子安は、和辻哲郎を論じた別の著作で、戦中から戦後にかけて書き継がれていった『倫理学』（全三巻のうち下巻は戦後に出版）の修正過程を批判的に検討しながら、次のように述べている。「私は和辻の『倫理学』は昭和一七年の中巻の刊行をもって終わるべきものだといった。それは日本の敗戦という国家的挫折を越えて持続され、完結されるような性格をその学的な論理と構成からもっていないと私には思われた。しかし和辻は終戦直後に中巻を修正して刊行し、四年を経て下巻を刊行したのである。かくて和辻の『倫理学』は完結したのである。昭和日本の国家的運命を学的に体現し、表現する和辻『倫理学』が、その日本の国家的挫折を越えて完成されたのである。これは考えられないことだ」（子安 二〇一〇 二六五―六六頁）。「修正をいうことによって、何を拒否したのか。和辻とともにその後継者も解説者も、一九四五年の日本の挫折に直面することを拒否したのである。拒否されたのは日本の国家的挫折であるとともに、和辻倫理学の挫折でもあったであろう」（二九頁）。子安のこの和辻批判を通してみると、子安の丸山批判の意図がどこにあるかがよくわかるであろう。

6

丸山は福沢のなかに近代精神を見いだしていると位置づけたうえで、米原謙も次のように述べている。

――「福沢の構想を前提にするかぎり、日本の侵略戦争を否定する思想的根拠はくずれる。丸山の福沢論はこの点を問題にせず、そこに見いだされる『近代』精神だけを取り出した。まるで卵を割らずに黄身だけ取り出すように、現実の役割や論理的帰結を括弧にいれて、思惟様式だけを分析するのが丸山思想史学の秘訣である。〔中略〕欧米近代から出発するかぎり、それが内包していた帝国主義的侵略を否定する原理をくみ取るのはむずかしいのではないか」（米原 一〇五頁）、と。

「近代」という課題(II)

ここまで、丸山が「近代」をどのようにとらえているかをみてきた。丸山の立場からするとき、日本社会の問題の根源はどこにあることになるだろうか。改めてみていこう。

5　桎梏としての天皇制

> 敗戦後、半年も思い悩んだ揚句、私は天皇制が日本人の自由な人格形成――自分の良心に従って判断し行動し、その結果にたいして自ら責任を負う人間、つまり「甘え」に依存するのと反対の行動様式をもった人間類型の形成――にとって致命的な障害をなしている、という帰結にようやく到達したのである。（「昭和天皇をめぐるきれぎれの回想」（一九八九）集⑮三五頁）

丸山は、迷いに迷ってようやく、対決課題としての天皇制ということに到達した。その結果として、「超国家主義の論理と心理」論文は書かれた。そして、「私自身の裕仁天皇および近代天皇制への、中学生以来の『思い入れ』にピリオドを打った」[1]（三五頁）。

丸山は、「精神的な『基軸』でもあった日本の近代天皇制が「人格的主体——自由な認識主体の意味でも、倫理的な責任主体の意味でも、秩序形成の主体の意味でも——の確立にとって決定的な桎梏」（「日本の思想」集⑦二四二頁）であるととらえていた。関連して、「同族的（むろん擬制を含んだ）紐帯と祭祀の共同と、『隣保共助の旧慣』とによって成立つ部落共同体は、その内部で個人の析出を許さず、決断主体の明確化や利害の露わな対決を回避する情緒的直接的＝結合態である点、また『固有信仰』の伝統の発源地である点、権力（とくに入会や水利の統制を通じてあらわれる）と温情（親方子方関係）の即時的統一である点で、伝統的人間関係の『模範』であり、『國體』の最終の『細胞』をなして来た」（二二七—二二八頁）とされていた。主体の確立という丸山の課題にとって、精神的な基軸としての近代天皇制、およびそれを末端で支える部落共同体が桎梏であることが指摘されているのである。

精神的な基軸でもあった近代天皇制という先の論点は、「超国家主義の論理と心理」論文において、ヨーロッパ近代国家と日本の近代国家との違いとして指摘されていた、中性国家／非中性国家の対比に関わる。

西欧においては、「形式と内容、外部と内部、公的なものと私的なものという形で治者と被治者の間に妥協が行われ、思想信仰道徳の問題は『私事』としてその主観的内面性が保証され、公権力は技術的性格を持った法体系の中に吸収された」(「超国家主義の論理と心理」集③二〇頁)のに対して、わが国の場合、「明治以後の近代国家の形成過程に於て嘗てこのような国家主権の技術的、中立的性格を表明しようとしなかった。その結果、日本の国家主権は内容的価値の実体たることにどこまでも自己の支配根拠を置こうとした」(二〇頁)。日本は「中性国家」ではなかったのである。このことは、公と私が分離されていないということでもある。「我が国では私的なものが端的に私的なものとして承認されたことが未だ嘗てない」(二二頁)。私的なものは、「悪であるか、もしくは悪に近いものとして、何程かのうしろめたさを絶えず伴っていた」(二二頁)のである。日本のファシズムが「超国家主義」と呼ばれる所以でもある。

ちなみに、丸山は、『日本政治思想史研究』所収の論文「近世儒教の発展における徂徠学の特質並にその国学との関連」において、荻生徂徠がこの公私分離への道を開いたことを指摘した。徂徠は、公私を渾然一体とさせている「自然」を解体することによって、天と一体化されていた規範を聖人の製作物としたのである。この点を、丸山は次のように述べている。「こうした道の外在化によって一応ブランクとなった個人的＝内面的領域を奔流の様に満すものは、朱子学の道学的合理主義によって抑圧された人間の自然的性情より外のものではありえない。かくて徂徠学における公私の分裂が日本儒教思想史の上にもつ意味はいまや漸く明かとなった。われわれがこれまで辿って来た規範と自然の連続的構成の分解過程は、徂徠学に至って規範（道）の公的＝政治的なものへまでの昇華によって、私的＝内面的生活の一切のリゴリズムよりの解放となって現われたのである」（集①二二九頁）、と。とはいえ、私的なもののもつポテンシャルは、すでにみたように、人欲の解放にとどまり、人間的自由にまで開化することはなかった。

よく知られていることであるが、丸山は、ドイツと日本の軍国主義者を、「観念と行動の全き一貫性」と「両者の驚くべき乖離」との対比でとらえ（「軍国支配者の精神形態」（一九四九）集④一〇五頁）、「自己の行動の意味と結果をどこまでも自覚しつつ遂行するナチ指導者」（一〇八頁）と「自己の現実の行動が絶えず主観的意図を裏切って行く我が軍国指導者」（一〇八頁）とを対比的に描いている。[2]では、「我が軍国指導者」と天皇とはどう違うのだろうか。――究極的にはここに行き着くだろう。周知の議論ではあるが、ゆっくり追いかけていこう。

首相の東条英機は、一九四三年二月の衆議院戦時行政特例法委員会においてこう述べていた。

――「独裁政治といふことがよく言はれるがこれを明確にして置きたい。（中略）東条といふものは一個の草莽の臣である。あなた方と一つも変りはない。たゞ私は総理大臣といふ職責を与へられてゐる。ここで違ふ。これは陛下の御光を受けてはじめて光る。陛下の御光がなかったら石ころにも等しいものだ。陛下の御信任があり、この位置についてゐるが故に光つてゐる。そこが全然所謂独裁者と称するヨーロッパの諸公とは趣を異にしてゐる」（「超国家主義の論理と心理」集③三二頁）。

首相の東条が「陛下の御光」をもち出しているということは、首相たる東条においてさえも「自由なる主体的意識」が存在していないということである。このことが、丸山のよく知られている「抑圧の移譲」という議論と関係しているのである。――「自由なる主体的意識が存せず各人が行動の制約を自らの良心のうちに持たずして、より上級の者（従って究極的価値に近いもの）の存在によって規定されていることからして、独裁観念にかわって抑圧の移譲による精神的均衡の保持とでもいうべき現象が発生する。上からの圧迫感を下への恣意の発揮によって順次に移譲して行く」のである（三二―三三頁）。「天皇からの距離」が重要となるのである。「全国家秩序が絶対的価値体たる天皇を中心として、連鎖的に構成され、上から下への支配の根拠が天皇からの距離に比例する」（三一頁）のである。「抑圧の移譲」は単なる弱い者いじめではなく、究極的価値により近いという意識のもとでおこなわれる弱い者いじめということになろう。

とはいえ、天皇でさえ「上級価値への順次的依存の体系に於て唯一の主体的自由の所有者」（三四頁）ではない。「天皇は〔中略〕決して無よりの価値の創始者なのではなかった。天皇は万世一系の皇統を承け、皇祖皇宗の遺訓によって統治する。欽定憲法は天皇の主体的製作ではなく、まさに『統治の洪範を紹述』したものとされる。かくて天皇も亦、無限の古にさかのぼる伝統の権威を背後に負っているのである。天皇の存在はこうした祖宗の伝統と不可分であり、皇祖皇宗もろとも一体となってはじめて〔中略〕内容的価値の絶対的体現と考えられる」（三四―三五頁）。

天皇からの距離にもとづきながら抑圧の移譲によって全国家秩序が保たれているが、その絶対的価値体であるはずの天皇でさえ主体的自由の所有者ではない。要するに、上から下まであらゆる層で主体が欠如しているのである。[3] 問題の根源をこうしたところに求める丸山は、「軍国支配者の精神形態」論文を次のような言葉で締めくくっている。——「これは昔々ある国に起ったお伽話ではない」（「軍国支配者の精神形態」集④一四二頁）。丸山は、うえでみてきたような「精神形態」を遠い過去のものとしてみているのではない。今のわが国にもみられるというのである。

丸山は、日本文化を雑種文化ととらえる加藤周一に対し、思想については異質な思想が本当に交わらずに空間的に同時存在していることが問題であり、多様な思想が内面的に交わるならば「雑種という新たな個性が生まれる」（「日本の思想」集⑦二四三頁）とし、次のように述べている。「雑居を雑種にまで高めるエネルギーは認識としても実践としてもやはり強靭な自己制御力を具した主体なしには生まれない。その主体を私達がうみだすことが、とりもなおさず私達の『革命』の課題である」（二四四頁）、と。

丸山にとっては、主体の確立、主体の自立が課題である。それが、「革命」の課題だとされている。古矢旬も「民主的主体（＝抵抗主体）の形成」という課題として位置づけている（古矢 五七二頁）。

6 閉じた社会／開いた社会

自由な主体の問題は、社会が閉じているか／開いているかという社会構造・社会関係の問題でもある。閉じた社会／開いた社会については、「開国」論文（一九五九）が重要であろう。

開国とは象徴的な事態の表現としても、一定の歴史的現実を指示する言葉としても用いられている。象徴的には「閉じた社会」から「開いた社会」への推移としてとらえている。歴史的現実としては、「十九世紀中葉以後において、極東の諸民族、とくに日本と中国と李氏朝鮮とが『国際社会』に多少とも強制的に編入される一連の過程」（集⑧四五―六頁）である。丸山がこの論文でなそうとしているのは、「幕末開国期の思想史的な位置をこの二つの側面からの照明が交錯する地点に求めよう」（四六頁）ということである。日本の場合、象徴的には「開国」のチャンスは三回あった。室町末期から戦国にかけての時期[4]、幕末維新期、第二次世界大戦後である。「開国」論文の対象は第二の時期である。なぜこの時期の開国を象徴的な側面からもとらえるのかといえば、「第三の『開国』の真只中にある私達は、歴史的な開国をただ一定の歴史的現実に定着させずに、そこから現在的な問題と意味とを自由に汲みとることが必要と思われる」（四七頁）からである。

幕末維新期の「開国」への対応をみるまえに、当時の社会がいかなる社会であったかをみることにしよう。丸山によれば、「価値と権威との合一はここではけっして個々の首長の自由なイニシアティブを意味しな」かった。「ここで本当に神聖化されたタブーによって守られたのは、あくまで経験的感覚的に知覚され、具体的に形態化されたルーティンであり、それは『泰平』の持続とともに、政策や操作の結果というより『自然』な所与として受けとられるようになるのである。このようにして〔中略〕日本史上にも前例を見ないほど完璧な『閉じた社会』の重畳的な構築が完成した」（五四頁）。このように、個々の首長の自由なイニシアティブはみられず、具体的に形態化されたルーティンがタブーによって守られ、あたかも自然な所与とみなされていたのである。その結果としてもたらされた『閉じた社会』の重畳的な構築」というのは、こうした「閉じた社会」が環節のように連なった社会ということである。――幕藩体制はこのようにとらえられた。

明治の開国についてはいかに述べられているか――。枢密院議長の伊藤博文が、帝国憲法草案審議において、「我国ニ在テ基軸トスヘキハ、独リ皇室アルノミ。是ヲ以テ此憲法草案ニ於テハ専ラ意ヲ此点ニ用ヒ君権ヲ尊重シテ成ルヘク之ヲ束縛セサラン事ヲ勉メリ」と所信表明し、『開国』の直接的結果として生じた、国家生活の秩序化と、ヨーロッパ思想の『無秩序』な流入との対照」は、「国家秩序の中核自体を同時に精神的基軸とする方向」において収拾されていった」（『日本の思想』集⑦二一五頁）。かくして、第二の開国のチャンスは活かされるどころか、むしろ精神的基軸を国家秩序の中核とすることで非中性国家がうみ出され、自由な人格形成の桎梏となったのである。

「維新以来のもっとも著名な知日家の一人である」とされるB・チェンバレンが「個人主義の欠

如」と呼んでいるのは、こうした事態である。とはいえ、チェンバレンはこれを肯定的にとらえた。――「アングロ＝サクソンはこうした個人主義の欠如をもって、とかく弱さの源泉と断定しがちである」が、「日本の驚異的勃興――日本が政府の指導下の奮励によってたった一世代の間にかちえた地位――はまさに抗し難い反証となる」、と。しかし、丸山は、チェンバレンのこの主張に対し、「無数の閉じた社会の障壁をとりはらったところに生まれたダイナミックな諸要素をまさに天皇制国家という一つの閉じた社会の集合的なエネルギーに切りかえて行ったところに『万邦無比』の日本帝国が形成される歴史的秘密があった」としている（「開国」集⑧八五頁）。

丸山は「『われ』の自立性」が生まれなかったことを強調している。丸山の問題意識はまさに自由な人格形成なのである。それを阻み、無数の閉じた社会の並存を一つの大きな閉じた社会に変換してしまったのが、精神的基軸を国家秩序の中核にした非中性国家＝天皇制国家だったのである。

7　個人析出と結社形成

以上をまとめると、丸山にとっての問題は、日本社会における人格的主体の未発達、閉じた社会といったことであった。問題の根源がこうしたところに求められるとすれば、その克服、つまり閉じた社会を解体させて人格的主体を発達させるためには、丸山によれば、他者の存在が重要となってくる。この論点は本書の丸山論の要諦である。詳しくみていこう。

「他者」への寛容と「われ」の自立性という相関的な自覚が大量的に生ずるためには、〔中略〕少なくとも社会的底辺において異質的なものとの交渉がある程度行なわれなければならない。そうした意味のコミュニケーションは今日の日本でさえ必ずしも発達していないのであるから、まして当時においてをやである。（「開国」集⑧六七頁）

わが国の開国の状況はこうした結果をもたらさなかったことは、すでにみたとおりである。この丸山の主張を、ここでは個人析出の問題としてみてみたい。主として依拠するのは「個人析出のさまざまなパターン」論文（一九六八）である。丸山のこの論文においては、「異質的なものとの交渉」という論点は結社形成的／非結社形成的という軸の重視としてあらわされることになろう。

丸山は、共同体が壊れることはウェーバーのいう宿命であるという（「歴史意識とは何か」（一九七九）話文③二七二頁）。産業革命以前の共同体は破壊される運命にある（二七四頁）。individuationのいろんなパターンだけが問題なのである（二七四頁）。そのうえで次のように述べている。――「丸山は孤立した個人ができなければ話にならないなんて言っているのは、全然逆なんですね」（二七四頁）。「個人主義というものと裸になった個人とは全然違う」（二七五頁）。

ここからも、結社形成的／非結社形成的の軸の重要性が予想される。「孤立した個人」や「裸となった個人」が主張されているのではなく、共同体から解放された個人同士がいかなる結びつき方をするのかが問題とされているのである。

さて、「個人析出のさまざまなパターン」論文は、「社会の近代化が社会の成員におよぼす影響を、近代化に対する個人のさまざまな反応の仕方という観点から、政治社会制度や純然たる思想のレヴェルではなく個人の態度のレヴェルで考察」したものである（集⑨三七九―八〇頁）。このとき、丸山は、「近代的制度――法的・政治的・経済的諸制度のタテマエとその枠の中で実際に働いている人間関係との間に存在するズレ」（三八〇頁）に注目している。

この論文では、「好むと好まざるとにかかわらず、それまで彼をしばり一定の伝統的な行動を規定していた共同体の紐帯から『解放』される」という、「近代化」の「普遍的な現象」を「個人析出（individuation）」ととらえ、この個人析出のプロセスに、近代化のさまざまな局面におかれた個人の態度の面から区別することのできる四つのパターンがみられることを指摘している（三八三頁）。四つのパターンを導きだす二つの軸は、求心的／遠心的と結社形成的／非結社形成的である。前者は「個人が政治的権威の中心に対していだく距離の度合い」（三八三頁）を示すものであり、後者は「個々人がお互いの間に自発的にすすめる結社形成の度合い」（三八四頁）を示す。二つの軸の交差によって、「民主化（democratization）」「自立化（individualization）」「私化（privatization）」「原子化（atomization）」

の四タイプがでてくる。丸山の関心は、社会によって、あるいは近代化の発展段階のちがいによって、四タイプのうちのどれが優勢になるかが異なる「優越のパターンの相違およびその一つから他への移行が社会・政治制度の変動といかなる相関関係にあるかという問題」であるが（三八七頁）、その紹介は割愛する。

私の関心は、二つの軸がもっている意味合いである。丸山は、結社形成的な（associative）個人は「政治目的にかぎらず多様な目的を達成するために隣人と結びつく素質の備わった人」（三八四頁）であるとしている。が、結社というからには、単なる隣人同士の結びつきといっては不正確であろう。共同体の内部の隣人同士の結びつきも、隣人同士の結びつきだからである。結社形成的／非結社形成的は、個人が他者とともに自発的に結社を形成するかどうかということだととらえることができよう。したがって、この軸は、本章でも強調していくことになる、個人の自立＝他者感覚という丸山の近代観の核となっているものと関わっているといえる。他方、「政治的権威の中心に対していだく距離」を示す求心的／遠心的は、個人が政治にどの程度参加するのか、どの程度自らが政治の担い手になろうとするのかに関わっているとみることができよう。

丸山はどのタイプが優れているか、あるいは望ましいかなどという議論はおこなっていないが、丸山のスタンスから推測するならば、やはり結社形成的で求心的なタイプ、すなわち民主化が丸山の選好であるようにも思われる。が、必ずしもそうではない。「自立化タイプがより遠心的であり地方自治に熱心なのに対して、民主化した個人はより求心的で中央政府を通じる改革を志向する。前者が市民的自由の制度的保障に関心をもつのに対して、後者はさらに、特権を廃絶し、公共の問題にかかわる民衆をできるだけ多くひきいれるように、政治参加の基礎を拡大する方向へと進む傾向をもつ。こうして民主化した個人は自立化した個人よりも大衆運動に積極的であり、この意味で原子化した個人に接近する。民主化が優位を占めるところでは、自立化した個人が至高の大義とする自由の理想よりも、平等の理想が強調されるかたむきがある」（三八五―八六頁）。丸山の二つの軸には表面的な説明よりも多くの意味が事後的に込められているようにも思われるが、少なくともこれをみるかぎり、自由の理想と結びつけてとらえられている自立化が重視されているともいえる。丸山にとってもとても重要であった自由は、「自立化した個人が至高の大義とする自由の理想」とされているように、自立化と結びつきやすいのである。ある座談会で、丸山は、ファシズムに関連して、「単なる反動と違うところは、大衆の意志に依存しているということ」と語っている。そこには「リベラリズム」と「少数者の権利」がない。そして、その点にこそ「日本でデモクラシー一辺倒になる危なさ」をみている（自由一六一頁）。「デモクラシー一辺倒」は危ないのである。自由がないから、少数者の権利がないから、である。

が、そもそも丸山のこの四象限図式は静態的なものではなく、タイプ間のダイナミックな移行をとらえようとしたものであり、どれがいちばん優れているかという発想には馴染まないともいえよう。少なくとも、解放された個人が他者と結社を形成する、結社形成型の個人タイプに期待しているとはいえよう。川崎修のいい方を借りれば、「結社形成型の個人析出によってのみ、個人析出を前提にした安定した社会秩序を形成しうる」（川崎 二〇五頁）と丸山は考えていた。開かれた社会関係ということの一つの意味合いは、ここにみられるように、異質なもの――すなわち他者――に開かれていなければならないということである。丸山がイギリス的思考について次のように述べていることも、この文脈でとらえることができよう。――「『社会』がこれほど個人の精神のなかに実在しているところはめずらしい。だからこそ、イギリスはファシズムにたいする免疫性がもっとも強いのだ」（対話 一六七頁）。

　こうした観点からみるとき、日本の社会は未だ十分開かれていないというのが、丸山の見立てである。逆にいえば、日本の社会はムラ共同体が優越していて、自発的結社が未発達ということである。丸山は、結合タイプとしてムラ共同体と自発的結社を対照させ、前者を「人がそのなかに生まれるもの」、後者を「他人同士が集まってこれから何かしようとする結合体」としている（「「文明論之概略」を読む（一）」（一九八六）集⑬三五三頁）。こうした区別は目新しいものではないが、自発的結社について他人同士ということを強調しているのがポイントである。ここでも指摘されているのは、他者の重要性ということである。

　主体の確立を日本「近代」の課題とする丸山は、それを阻んでいる近代天皇制＝閉じた社会を剔抉し、そうしたネガ像に対するポジ像をなすものとして、開いた社会関係＝異質なものとの交渉＝他者の重要性を主張したのである。

註

1　このように、「敗戦の翌年二月頃に」執筆した「超国家主義」論文の位置づけについて、丸山は天皇制との決別との関連で回想している（集⑮三五頁）。この論文執筆が、天皇制への「中学生以来の『思い入れ』にピリオドを打った」点で画期となったというのである。しかし、「超国家主義」論文執筆後四〇年以上も後のこの回想が、論文を書いた当時の事実を語っているかどうかはじつは定かではない。この回想によれば、天皇制との決別は、「敗戦後、半年も思い悩んだ挙句」、自らの認識がだんだんと深まっていった結果のように聞こえる。この問題そのものを扱っているわけではないが参考になるものに、米谷匡史の議論がある。米谷によれば、（本章の最後でも触れるような）八・一五が戦後民主主義の原点だとする考えを表明するようになったのは、四六年三月六日にGHQが憲法改正草案を発表してからのことにすぎない。米谷の主張は、丸山は「占領軍による押しつけの後に、それを追認する形でしか転換を自覚できなかった」のであり、そこには「戦後民主主義の〈起源〉の隠蔽と偽造」があったというものである（米谷 一一九―一三三頁）。米谷のこの主張を参照すれば、四六年二月ごろに、GHQの憲法改正草案に先立って、天皇制と決別したというナラティブは事実に即していないことになる。
「近代的思惟」の成熟ということに一貫して関心を抱いていたという丸山の言明を問題視する立場があることについては、第一章ですでに触れた。また、丸山による「開国」論文の位置づけのズレに注目している論者もいる。木村直恵は、「開国」論文執筆当時の位置づけは、「マルクス主義と天皇制の精神構造という二つの標的が風化していくという『実感』によってもたらされた、『停滞感』のさなかで書かれたもの」であったのに、その後の回想では、「自らの内なるマルクス主義との『格闘』における決定的な乗りこえ地点であり、また丸山『思想史』のディシプリンの完成へのアンカーを打つ仕事と位置づけられているように見える」としている。「現実世界における戦線喪失というある種の挫折感の産物から、内的克服をつうじた自己確立の成果へと、評価が反転している」という見立てである（木村 二六一頁）。これらの論点については、本稿では、とくに問題とはしないでおこう。著者の意図や狙いよりも、テクストがどういう可能性を有しているかの方に関心があるのである。問題にならないということではなく、特別な関心の外にある問題であるということである。

ちなみに、丸山門下の平石直昭も、丸山がなぜ自らの人生を回顧する聞き取りに応ずるようになったかという問い――「学者が自己を語る意味について」――を解明するという問題意識のもとにではあるが、『現代政治の思想と行動』の刊行動機についての丸山自身の語りの変化を指摘している。平石によれば、一九六二年の英訳版や一九六四年の増補版においては、一九五七年の上下二巻本刊行時よりも、「学問研究の面より、一日本人の知的発展を知る資料という面が強調され」るようになったという。「学問研究上の成果としてよりも、広義の戦後思想史ないし戦後史の一資料として位置づけられ」るようになったのである。その背景について、平石は、丸山の言葉を引きつつ、この間に「『過去の忘却の上に生い立つ、戦後思想史の神話化』が進んだという認識と、それを防ぐという問題意識があった」としている（平石 三三八―四二頁）。

丸山は、このように、自分の論文について後から振り返って位置づけるという作業をしばしばおこなっている。『現代政治の思想と行動』には、膨大な「追記および補註」が付されているし、『後衛の位置から』の副題は「『現代政治の思想と行動』追補」とされている。丸山の特徴の一つは過剰なナラティブにあるといってもよい。

このとき、うえでみたように、本人によるこのナラティブあるいは回想が適切なものかどうかという問題が出てくるのである。回想が事実を歪めることはよくあることである。もちろん、歴史は、過去のことがらを現在から構成し直すということだから、丸山について問題にしようとしていることは、歴史全般についてあてはまることではある。

それにしても、丸山のナラティブの過剰はどこからくるのだろうか?

意外なことながら、丸山の著作は、一つのテーマでまとめた体系的なものは一冊もなく、すべては論文集である。バラバラの時期に多様なテーマについて書かれたそれぞれの論文を一冊に収録するにあたっては、たしかに、それぞれの論文の位置づけが必要であろう。そうでないと全体のまとまりがつかない。それに、丸山の場合、それぞれの論文が書かれた期間がきわめて長期にわたることもあるからなおさらである。たとえば、『戦中と戦後の間』などは、二二年間にも及んでいる。ナラティブは不可欠ということになろう。もちろん、丸山が「自分が何をしているかについて極めて自覚的な思想家であった」(加藤 二〇二頁)ということも関係していよう。

とはいえ、糊塗するためのナラティブということもありえないことではない。たとえば、中野敏男はそのセンセーショナルな丸山論で次のように述べている。——「丸山の論文集に特徴的な懇切丁寧なる『あとがき』や『追記および補注』の類は、丸山による事後的な解釈や意味づけを、読者たちに、あたかも執筆当時の筆者と共に歩むリアルタイムの『文脈的』な追体験であるかのように錯認させる、よくできた装置になっていると考えねばならない。それにより、論文集というこの著作の形式では、諸論文がはじめに『埋め込まれ』ていたコンテクストを事後的な解釈に基づいて再構成し、その中に、当の諸論文の意味についての事後的な自己了解を、筆者自身の『本来の意図』として、あるいは、当事者の『証言』としてあらためて埋め込むということが可能になっているのである。しかも、このような事後的な再構成や自己了解には、著者を囲繞する支持者や読者たちの願望や欲望が、当人の自覚如何にかかわらず、密かにかつ不可避的に取り込まれてしまう。こういう形で、論文集である丸山の著書は、論文集を編む時点での状況に対応しながら、『オリジナル』なテクストとコンテクストとを解釈的に再構成しつつ内側に包摂して、自己言及的な不壊の構造をもつに至るのである」（中野　九七―九八頁）。こういう事態もありうることであろう。とはいえ、そうした思想史的な、とはいえきわめて特殊なと思われる読み方は、本書の関心の焦点ではない。本人によるナラティブも、読みを規定する一つのコンテクストとして考慮すればよいのではないだろうか。

ちなみに、中野による丸山（および大塚久雄）読解は、「コンテクストの中での実際の作動」、つまり「思想がなにを言っているのかではなく、むしろ、思想が何をやってきているのか」を考えようとするものである（一八―一九頁）。そして中野は、「戦後啓蒙」の「主体」の思想は、「戦中から戦後への思想的な断絶＝転回」という自己了解とは逆に、戦中と戦後の連続を架橋してきた、と主張するのである。――「近代的な『主体性』の確立を第一に求める丸山の思想が、総力戦体制のもとでは下からの国民総動員の思想に、そして、敗戦後の状況のもとでは帝国主義的国民主義という記憶を抹消して『単一民族』的国民主義へとこぞって向かう思想に、それぞれ確実に寄与した」（二四六頁）、と。中野の丸山理解は、われわれの丸山理解とは真逆の評価ということになろう。中野の試みに対して直接的な応答は控えざるを得ないが、社会システム論に依拠した中野の読み方に対して、経済思想史家の梅津順一が指摘している批判は、思想史の方法にも関係する重要な指摘のように思われる。――「確かに、それも一つの思想の評価である。戦時体制から戦後統制まで、システムとしては連続し、あらゆる思想がそのシステムに取り込まれている。とすれば、システムの破壊が無い限り、あらゆる思想をシステムの補完物として評価することができよう。しかし、そうであるとすれば、その時代の思想にはすべて同じ刻印を押すことができるのであるから、大塚や丸山の思想的特徴とはいえなくなるのではあるまいか」（梅津　一七一頁）。丸山に学ぶべきところは、少なくとも、中野のような読み方とは別のところにあるのではないか。

2　丸山も指摘しているとおり、この点は、共同謀議の有無という東京裁判における争点に関わっている。――「世界最高の二大国に対してあれだけの大戦争を試みる以上、定めしそこにはある程度明確な見透しに基づく組織と計画とがあったであろうという一応の予測の下に来た連合国人は実情を知れば知るほど驚き呆れたのも無理はない」（「軍国支配者の精神形態」集④九八頁）。実情は、共同謀議どころか、「人間たまには清水の舞台から眼をつぶって飛び下りる事も必要だ」という東条英機の言葉に象徴されるように、「デスペレートな心境の下に決行された」のである（九八頁）。ダワーは、この共同謀議説を東京裁判の起訴状のなかのもっともアメリカ的なものだととらえ（ダワー　下二五八頁）、共同謀議はナチスにはあてはまっても日本帝国にはあてはまらないとしている。――「真摯な歴史分析というより、プロパガンダにはるかに近かった」（下二五九頁）、と。

3　ここでみたように、丸山は、ドイツと日本を対照的にとらえ、日本の軍国主義者の無責任の体系を指摘した。丸山においては、「無責任の体系」は「既成事実への屈伏」と「権限への逃避」から成るものととらえられている（後述Ⅳ―9も参照）。しかし、権限へ逃避するのは日本人だけとは限らないのではないか、という疑問は当然出てこよう。

　アレントは、アイヒマン裁判を傍聴した記録のなかで、アイヒマンが権限への逃避に終始した発言をしたことを描き、アイヒマンは極悪非道で残虐な人間ではなくまったくのつまらない人間である、にも関わらずユダヤ人虐殺という大きな事件を引き起こしたことを、「凡庸な悪」という言葉でとらえていた。

　このことは、心理学の実験であるミルグラム実験でも明らかにされたことである。著名な学者の学術的にきわめて重要な実験に貢献しているという意識によって、人はきわめて残虐な行為でも崇高な行為としておこなうことができるのである。

こうした残虐な行為をおこなってしまうのは、バウマンによれば、近代官僚制の精神がみられるところにおいてこそであるという。官僚制においては、目標は遠くにあるのに対し、自分がおこなっているのはごく身近なみえるところにあるものだけであり、それがその遠い目標とどう結びついているか意識しにくいからである。これは、ウェーバーのいう官僚制の精神をみても理解されるだろう。官僚制の精神は権限を厳守するところにあるのだ（後述Ⅳ―11も参照）。

これらの議論との関連で、丸山の日本とドイツとの比較にもとづく議論をどのように理解したらよいのだろうか。日本に限ったことではなく、どこの国であろうと多かれ少なかれおこることであり、丸山の議論は日本を批判して西洋を称賛するための議論だ、と言ってしまっていいのだろうか。上司の命令には従わざるを得ないという、職場等で日常的にみられる事態と変わらないのであろうか。しかし、丸山の議論は、単なる権限へ逃避することだけでなく、権限への逃避を支えているのが、天皇からの距離が重要であるという考え、そしてその天皇自身も無限の古にさかのぼる伝統の権威を背負ってのみ存在しているという考えであることを指摘したものであり、やはり、どこにでもみられる単なる権限への逃避についての議論とは異なっているのである。

4　これは、キリシタンの渡来、南蛮文化の渡来が念頭におかれている（「原型・古層・執拗低音」（一九八四）集⑫一一五頁）。

「近代」という課題（Ⅲ）

丸山の「近代」観からは日本近代の問題の根源はいかにとらえられるかということをみてきた。問題の所在は、主体の自立と他者の存在の不徹底という点にあった。それが、「第三の『開国』の真只中」にある丸山の問題意識であった。第四の「開国」の真只中にあるはずのわれわれ自身の問題でもある。では、主体の自立にとって他者の存在が重要であることを丸山はいかに論じていたのだろうか。主体の自立と他者の意義という論点そのものについて、ポジティブな形でなされている議論をみておこう。

8　他者感覚と自己批判――自由なる主体

コーヒーが好きか紅茶が好きかという論争は、「もっともらしいレトリックで自己の嗜好を相互にぶつけ合っている」だけである。これは無意味で不毛な論争である。これに対して、丸山は「自己内対話」を対置している。

自己内対話は、自分のきらいなものを自分の精神のなかに位置づけ、あたかもそれがすきであるかのような自分を想定し、その立場に立って自然的自我と対話することである。他在において認識するとはそういうことだ。（対話二五二頁）

先に紹介した、「伝統的＝慣習的感覚とヨーロッパ的学問との無媒介的並存」についてのレーヴィットの指摘、またそれを踏まえた丸山による、我が国はヨーロッパ精神と対決したことがないという指摘においても、ポイントとなっているのはこのことである。この論点は、さらに、もっと積極的な主張とも関連づけられている。

他者を他在において把握する能力の衰退と欠如のうちに、マンハイムはナチズムの精神史的背景をみた。こうした自己中心的な世界像が、あたかも「自我意識」のめざめであるかのように錯覚されているのが、戦後の日本である。（二四二頁）

他者を他在において把握することは、ナチズムとも関連づけられるほど、重要な論点である。

丸山は主体の確立を主張するのであるが、それは、他者のいない自己中心的な世界像の主張ではない。他者を他者としてとらえる主体という主張である。主体は同時に他者の存在の意義をとらえるものであってはじめて意味をなすということである。

「一人一人が顔がちがっているように、考え方や意見がちがっているのがあたりまえだという前提から出発するか、それとも、意見が一致するのが当然で、また望ましく、ちがっているのはオカしい、あるいはけしからんという想定から出発するか――〔中略〕人間観のちがいだ」（一九四頁）。丸山が与するのは、もちろん前者である。「人がいれば、みんな違うんだ」という考え方の重要性は、日本国民の等質性との対比で指摘されている（自由 一八八―九〇頁）。なお、この日本国民が等質的であるというのは、丸山にとっては比較の問題として語られている。朝鮮人差別や部落差別の問題を抱えていることは、当然ながら認識されている。もちろん、「単一民族社会」などという言葉は使われていない。ローザ・ルクセンブルクの「自由というのはいつでも、他人と考えを異にする自由である」という言葉は、丸山によってしばしば引き合いにだされている（一四一頁）。

ちなみに、丸山による「異質なものとの接触」の最初の経験は、苅部直も言うように、高校での寮生活であり、それが丸山の思索の出発点となったのであろう（苅部 四六頁）。とはいえ、旧制高校の寮生活よりも重要なのは留置場体験なのではないか。新聞記者であった父親の仕事仲間であり、丸山が小さい頃から知っていた長谷川如是閑の、唯物論研究会主催でおこなわれた講演をたまたま聴きに行って、特高に逮捕されたことについてはよく知られているが、丸山自身は、この留置場での第一日を、北条民雄に倣って、「いのちの初夜」と呼んでいる（回顧（上）五〇頁）。ハンセン病の療養施設での体験を描いている「いのちの初夜」と同じほどの強烈な体験であったのである。そのインパクトの一つが「平生、まったく出会わないものと会うこと」（六八頁）であった。丸山は、「いままで経験しなかった、いろいろな人と同じ房になったというのは、非常に大きな経験です」（六九—七〇頁）と述べている。

中江兆民『三酔人経綸問答』の問答体への注目もこの文脈でとらえることができよう。

丸山はこの著作を以下のように位置づけている。——「三人の対話を通じて複数の観点、色々な角度からのスポットライト、が投入されている」（「日本思想史における問答体の系譜」（一九七七）集⑩二九七頁）。あるいは、「複数のスポットライトを示すために問答体をとっている作品」（二九七頁）。さらには、「一定の政治的状況に対する認識の仕方において、着眼点のちがい、スポットライトのあて方の違いを示し、それによって問題の所在をより広く、より深く認識しようとする」（三〇四—五頁）など。複数の観点・角度から複数のスポットライトをあてることで、現実はより広く深く認識されるという主張である。

複数のスポットライトの重要性は、福沢のなかにも見出されている。——「あらゆる立論をば、一定の特殊的状況における遠近法的認識として意識したればこそ、いかなるテーゼにも絶対的無条件的妥当性を拒み、読者に対しても、自己のパースペクティヴの背後に、なお他のパースペクティヴを可能ならしめる様な無限の奥行を持った客観的存在の世界が横たわっていることをつねに暗示しようとしたのである」(「福沢諭吉の哲学」(一九四七)集③一七五―七五頁)。複数のスポットライトをあてることが、自己のパースペクティヴを絶対視しないことになり、無限の奥行を持っている現実の豊かさをとらえることにもなるのである。

このスタンスは科学観とも関連している。「実験的な科学観」と呼ばれているこの「開かれた」科学観は、「仮説を作って経験によるトライアル・アンド・エラーの過程を通じて、この仮説を検証して行くという不断のプロセス」を指しているが、丸山にあっては「他者意識」と関連づけてとらえられているところが大事である。丸山は、この「開かれた」科学観は、近代日本の文学者では、二葉亭、漱石、鷗外などによって代表されたとしている。「そうした科学観と他者意識との、従って市民意識との連関を歴史的にたどることはきわめて興味ある課題であるが、ここではこれ以上立ち入らない」としている。「開かれた」科学観と他者意識・市民意識との関連というこの論点は、次のようにとらえられるだろう。「開かれた」科学観の対極にあるのは、「唯一の正しい真理、もしくは第一原則から論理必然的に生み出され、相互にぬきさしならぬ連関をもつ諸法則によって、宇宙が完全に支配されていて、それは唯一の正しい方法的手続きによってのみ解明されるという思考法」である。これに対して、「開かれた」

科学観では、『理論』は唯一でも絶対でもないから、つねに新しい経験に向かって『開かれ』ていて、多くの人の経験（実験）を集団的に組合せることが尊重される」（「近代日本の思想と文学」（一九五九）集⑧一三四―三五頁）。このような科学観は、他者の存在の重要性を認識しつつ他者によって自己を振り返る、あるいは自己の殻を破る、という他者意識と軌を一にしている。「開かれた」科学観と他者意識・市民意識との関連という論点は、丸山のみる「近代」の在り処を示しているだろう。

さて、いよいよ、丸山のいう他者感覚についてみていくことにしよう。

丸山は、「己れとまったく異質的な何ものかに自分は対面しているのだという覚悟をもち、その他者を他者として理解しよう」ということが他者感覚（the sense of "otherness"）だとしている（「歓迎パーティで言わなかった挨拶」（一九八二）集⑫一一頁）。「他在において把握する」ということを、丸山はマンハイムから学んだという（「日本思想史における「古層」の問題」（一九七九）集⑪一七二頁）。そして、日本は同質的であるので、他者感覚こそは「思考様式における盲点」になっていると主張するのである（一七五頁）。かくして、他者感覚の重要性ということは丸山の主張の中心となる。

マンハイムが学問的自由の前提としている、「いかなる他の集団、いかなる他の人間をも、その他在において把握しようとする根本的な好奇心」（対話　五七頁）は、丸山自身の前提でもあろう。そのうえで、「自分と対等な、しかし独立の『他者』として相手を認識することが深くなるほど、その結果は自分を、自分たちの文化を相対化し、また自己批判する目をとぎすますようになる」と丸山は述べている。「他者を他者として認識する」あるいは「他者を他在として把握する」ことは、このように、自分に跳ね返り、自己相対化・自己批判することにつながるという。これは、「珍しい動物を見る目」にはみられないことである。後者の場合、「その観察が自分自身にはねかえってくる、ということがない」（「他者との出会い」（一九六八）座談⑦二八〇頁）。別の文章では、「パンダにたいする好奇心」であるエキゾティズムとは異なり、「その成果はたんに対象についての情報の増大にとどまらずに、観察主体にはねかえり、自分たちが自明のこととして使用していたコトバや概念装置がいかに自分たちのカルチュアによって制約されていたかを自覚させる筈です」としている（「歓迎パーティで言わなかった挨拶」集⑫一一―一二頁）。

　これは、空間的開国と対比される精神的開国の問題にほかならない。精神的開国は、「自分の精神のなかに、自分と異質的な原理を設定して、それと不断に会話する」ことである。「自己内対話」にほかならない。これは、「一般には少ない」現象であり、「その代わりに一枚岩の精神がお互いにケンカしている」のが現実である、というのが、丸山の見立てである（「普遍的原理の立場」（一九六七）座談⑦一一四頁）。

　精神的開国を可能にする精神は、「『開けた』《シヴィライズド》精神」とは区別される「開かれている精神《オープン・マインデッドネス》」である。後者は「自らをも他をも開く作用をいとなむ」のに対して、前者は「自分がすでに開けていると思うことによって、実は閉じた精神に転化している。日本の啓蒙の失敗は、『開けた精神』によって愚昧な大衆を教化できると信じた点にあった」。後者のみが「Enlightenment（Aufklärung）」なのである（対話　八六頁）。

「自己内対話」「他者感覚」「精神的な開国」といった用語が示しているのは、他者に照らして自己をたえず相対化する契機のことであるということができよう。[1] 福沢への高い評価はこうした点からもみることができる。福沢のいう「独立の精神」「独立自尊」を中心にみていこう。

「独立の精神」とは、「自分の精神の内部に沈澱しているところの考え方と異質なものに、いつも接触していようという心構え」のことである。つまり、福沢は「精神的な開国」を主張しているのである。「彼の考え方によれば、どんなに良質な立場でも、同じ精神的傾向とばかり話を繰返していれば、自家中毒になる。だから、わざわざ自分の自然的な傾向性と反対のものに、不断に触れようとする。触れるというのは物理的接触ということだけを言っているのではない。精神内部の対話の問題として言っているわけです。ですから、この独立の精神というのは、精神的なナルシシズムとの不断の戦いだということになるわけです。精神的な自己愛撫との不断の戦いということになります」（「福沢諭吉の人と思想」（一九九五）集⑮二九四頁）。「独立の精神」「独立自尊」の「盾の反面」としてあるのが「惑溺」にほかならない（二九〇頁）。この点を、自由ということについてみれば、「自由の進歩は単に専制の原理に対する自由の原理の直線的排他的な勝利ではありえ」ず、「自由と専制との抵抗闘争関係そのもののうちに自由があるのであって、自由の単一支配はもはや自由ではない」ということになる（「福沢諭吉の哲学」集③一八四頁）。ちなみに、丸山自身も、「良識の全体主義もまた全体主義である」（「内と外」（一九六〇）別集②三七九頁）としている。

このように、「固定的価値規準への依存」は「惑溺」につながり、「価値判断を不断に流動化する心構え」が「主体性の強さ」＝「独立の気象」につながる。ここで重要なことは、福沢の場合、精神と社会は関連づけてとらえられているということである。人間精神のあり方は、個人的な素質や国民性の問題にではなく「時代時代における社会的雰囲気（「気風」）に帰せられる」。したがって、「惑溺」をもたらす「固定した閉鎖的な社会関係」ではなく、「捉われざる闊達さ」をもたらす「動態的な、また開放的な社会関係」が樹立されなければならない（「福沢諭吉の哲学」集③一七九頁）。

この福沢の考えはまた丸山の考えでもある。社会関係が閉鎖的か開放的か、固定的か流動的か、ここが丸山の考えの肝である。個人の自立はただそれだけ考えられているのではなく、同時に他者の重要性が指摘されているのだ。他者感覚の重要性にあれほどこだわっているのも、そのことの現れにほかならない。私の丸山論のこだわりもそこにある。この辺のことを、丸山はうまい比喩で説明している。――「日本にくまなく見られる社会と精神のしこりを揉み散らす事をもって、日本近代化（開化）の具体的課題となし、このいわばマッサージ師の様な役割を自らに課したのである」（一八七頁）、と。丸山もまたマッサージ師たらんとしたということができよう。

「民主主義革命の完遂」のために「人間的自由の問題」に対決することが必要だと考えた丸山のデモクラシー観の基礎にある考えもこの文脈でとらえることができよう。

多数決という考え方には、違った意見が存在する方が積極的に望まれるという考え方が根底にあるとする丸山は、次のように述べている。「違った意見が存在するのがあたりまえで、それがないのはかえっておかしいという考え方ならば、全員一致はむしろ不自然だということになるんです。ここではじめてつまり、反対意見にたいする寛容、トレランスということが徳とみなされるようになる」（「政治的判断」（一九五八）集⑦三四二頁）。意見の複数性、他者が存在することの意義、反対意見への寛容、他者への寛容。これらがひとつながりのものと考えられており、デモクラシー観の基礎になっているのである。

この観点から開いた社会／閉じた社会についていま一度みておくことにしよう。

開いた社会の標識となるのは「自由討議、自主的集団の多様な形成、及びその間の競争と闘争」である（「開国」（一九五九）集⑧八〇頁）。ここで、丸山は、アテネ民主政治の最盛期に、「われわれは討議を以って政治活動の路上に横たわる障害物とはみないで、むしろ賢明に行動するための不可欠の前提とみなす」と宣言しているペリクレスのエピソードをエピグラフとして掲げている（八〇頁）。

「政治的権威が道徳的ないし宗教的価値と合一する」ような「閉じた社会」では「『反対者』は

殲滅すべき敵（自己以外の権威や流派）ではあっても、それとの討論・競争の過程を通じて、弁証法（＝対話）的に客観的価値に接近してゆくために必要な対立者ではない」（五二頁）。「超国家主義」論文で指摘された非中性国家の問題もまさしくここにある。反対者を敵とのみみなしてはならない。敵とは区別される対立者というものも存在しているのである。対立者は討論や競争に「必要な」ものなのである。

以上みてきたように、丸山が強調する自由なる主体や主体の自立といったことは、他者存在の重要性という論点と離れては成立しない。丸山が自由なる主体と同時に他者感覚の意義について論じるのはそのためである。結社形成を強調していたのもそうした観点からである。自由なる主体を主張する丸山が他者感覚の重要性を強調していることはきちんと押さえておく必要があろう。

遠山敦の丸山論は、丸山が「『イデー』や『超越的絶対者』との関わりにおける主体性」（遠山二〇七頁）を強調しており、「エゴを超えた何物か」は「普遍的な『理念』や『イデー』」であるととらえられているとしている（二一九頁）。しかし、「『新しき規範意識』の基底となる普遍的な『理念』や『イデー』は、丸山においてついに具体的に提示されることはなかった」（二二〇頁）。——これが、遠山の丸山評価の、少なくともこの文脈での結論である。遠山のこの結論は、われわれの立場からすれば、少し修正が必要に思われる。

丸山にあっては、他者を他在としてとらえて重視する自己、「他者感覚」を備えた自己とは、「エゴを超えた何物か」を通して成立するものではないだろうか。他者を「エゴを超えた何物か」の少なくとも一つとみなしてよいのではないか。他者の重要性を提起することによって自己の相対化が可能になる。新しい規範意識に支えられた主体は、かくして生まれると丸山はとらえていた。

註

1　この論点は、『丸山眞男――「近代主義」の射程』における、冨田宏治の丸山論の主張でもある。冨田は次のように述べている。――「丸山の『近代的主体』とは、〔中略〕他者を不断に内面化することによって、自己の内面の緊張関係を不断に更新しつづけるような『開かれている主体』として提示されていたのではないかということである」（冨田　一七〇頁）、と。

丸山の強調する自由なる主体は同時に他者感覚を備えた主体であった。このことを踏まえたうえで、民主主義革命の遂行および人間自由の問題への対決を課題として掲げていた丸山が、デモクラシー（民主主義）という政治制度をいかにとらえているかについてみていこう。

9 制度における精神、制度をつくる精神——永久革命としての民主主義

ここでまず焦点をあてるのは、制度における精神、制度をつくる精神である。そのうえで、そうした精神との関連を踏まえながら、本章全体のテーマである主体の問題に立ち戻ることになろう。

デモクラシーが生々した精神原理たるためには、それが絶えず内面から更新され、批判されなければならぬ。デモクラシーがかうした内面性を欠くとき、それは一つのドグマ、教義と

して固化する。（対話　一四頁）

生々した精神原理としてのデモクラシーとデモクラシーの内面からの更新という論点は、「中がガランドーなデモクラシー」と「自発的、能動的な、市民的な精神」との対比においてもみられるものである（「現代文明と政治の動向」（一九五三）集⑥三五頁）。

デモクラシーをこのようにとらえている丸山は、その特色を「大衆の権利行使、その中でのゆきすぎ、錯誤、混乱、を十分認める。しかしまさにそういう過誤を通じて大衆が学び成長するプロセスを信じる。そういう過誤自身が大衆を政治的に教育していく意味をもつ」ことに求めている（「政治的判断」（一九五八）集⑦三四一頁）。このことは、「現実の大衆を美化する」ことではない（三四一頁）。「民主主義自身が運動でありプロセスである」と丸山はとらえているのである（三四一頁）。

これは、「永久革命としての民主主義」という論点につながる。

丸山によれば、永久革命は民主主義についてのみあてはまるという。「なぜなら民主主義とは人民の支配――多数者の支配という永遠の逆説を内にふくんだ概念だからだ」（対話五六頁）。

戦後民主主義はナンセンスであるという見方は、丸山からすれば逆にナンセンスである。民主主義は制度と理念・運動の二つの側面からなっている。そのうち、理念と運動としての民主主義は「永久革命」である。つまり、「絶えざる民主化としてしか存在しない」。これに対して、資本主義も社会主義も永久革命ではなく歴史的制度にすぎない（「戦後民主主義の「原点」」（一九八九）集⑮六九―七〇頁）。民主主義は永遠の逆説を含んでいるからこそ、永久革命としてしか存在しないのである。

丸山の言葉としてたいへん有名になった、「私自身の選択についていうならば、大日本帝国の『実在』よりも戦後民主主義の『虚妄』の方に賭ける」（「増補版 現代政治の思想と行動 後記」（一九六四）集⑨一八四頁）という主張も、こうした文脈でとらえれば、よく理解できよう。民主主義は完成態としてそこにあるのではなく、絶えざる民主化としてしかありえないのである。そのことは同時に、大衆を（美化することなく）信じることでもある。それに、そもそも、丸山が選びとった「戦後民主主義の『虚妄』」に対比されていたのは、「大日本帝国の『実在』」なのであった。「実在」であっても、「大日本帝国」に賭けるわけにはいかない。

デモクラシーに対しては、「在家仏教」という私たちの思想的伝統にある「立派な考え方」という観点からの位置づけもなされている。「在家仏教」は「非職業政治家の政治活動」として翻訳可能であり、ここには、「デモクラシーというものは一つのパラドックスを含んでいる」という考え方がある。――「本来政治を職業としない、また政治を目的としない人間の政治活動によってこそデモクラシーはつねに生き生きとした生命を与えられる」のである（「現代における態度決定」（一九六〇）集⑧三一五頁）。デモクラシーがパラドクスを含んでいるということでの論点も、デモクラシーが固化することなく、生きた制度であるための伝統的な知恵・仕掛けにほかならないという指摘である。

そこで大事になってくるのは、制度における精神、制度をつくる精神をどのようにとらえるか、ということである。

よくいわれるところの、「制度は西欧化したけれども、精神面では日本的な、あるいは『伝統的』な要素が残った」というとらえ方を、丸山は問題視している。いわゆる和魂洋才に代表されるようなとらえ方のことである。この場合、「技術も機械も、生産関係も、議会制も、みな同じ平面で物質的『メカニズム』として等視され、それの存否によって普遍的近代化がトせられる」。しかし、「機械それ自体は世界共通であっても、人間関係が介在した制度はすでにカルチュアによって個性的な差を帯びる」とし、丸山は、同じ選挙制度でも、「部落寄合による満場一致の推薦で候補者が決定される場合と、個人的選択が支配的な場合とでは、同じ政治制度としては機能しない」という例をあげている（「日本の思想」（一九五七）集⑦二一九―二二〇頁）。「むしろ問題はどこまでも制度における精神、制度をつくる精神が、制度の具体的な作用し方とどのように内面的に結びつき、それが制度自体と制度にたいする人々の考え方をどのように規定しているか、という、いわば日本国家の認識論的構造にある」（二二〇頁）。民主主義という制度における精神、民主主義という制度をつくっている精神がいかなるものか、制度とそれを運用する人々とを規定している精神をたえず問わなければならないということである。そうでないと、「一つのドグマ、教義として固化」したり、「中がガランドー」になってしまったりするのである。

ここでみたのは、デモクラシーという制度とそれを担う人々の精神とのあいだの緊張関係の重要性ということであった。一つの制度内での制度と人々のあいだの緊張関係ということ。こうした緊張関係は、ある制度の内部だけでなく、制度と制度とのあいだでも考えられている。たとえば、政治と宗教についてみてみよう。

「権力と道徳」（一九五〇）という、国家をめぐるヨーロッパの思想史を扱った論文がある。この論文について、丸山は、「私の希望」として「思想史の論文としてではなく、〔中略〕日本のナショナリズムやナチズムとの問題的な連関性から読んでいただきたい」という「追記」をしている（「現代政治の思想と行動第三部 追記」（一九五七）集⑦四六頁）。この論文の議論は、翻って日本の国家のありように跳ね返ってくるものとして位置づけられているのである。

この論文では、「凡そヨーロッパ近代国家に共通する宿命的な二律背反」が指摘されている（「権力と道徳」集④二七八頁）。――「ヨーロッパ世界を特色づけるのは、政治権力の固有な存在根拠と、クリスト教の人格倫理との二元的な価値の葛藤であり、その両者はどんなにさまざまのニュアンスにおいてからみ合っても、究極において合一することなく、たえずその間には距離が保たれ、そこから新たな緊張が生れて来た」（二七八頁）。

権力と道徳という問題には〔中略〕永遠の二律背反が含まれており、そうしたアンチノミーの自覚が喪われれば、一方、道徳の内面性を保持する方向も、他方、権力の即自的な倫理化の危険を避ける方向も、ともに閉ざされてしまうことを避けられない。(「現代政治の思想と行動第三部 追記」集⑦四六頁)

キリスト教の出現が世界史的な意味をもつのは、「社会的乃至政治的平面に解消し尽されない人格の次元を人間に開示」することによって、「権力と道徳の間の緊張がある程度つねに再生産される結果となった」からである(「権力と道徳」集④二六七頁)。ここでは、政治権力とキリスト教の緊張関係、権力と道徳の緊張関係の重要性が語られているが、二つの制度のあいだの緊張関係というよりも、結局は、制度自体と制度に対する人々の考え方を規定している精神とのあいだの緊張関係の重要性の指摘ということである。つまり、主体(倫理的責任主体)の自立の重要性の指摘なのである。

この真逆が既成事実への屈服であり、超国家主義にみられた事態ということになる。「既成事実への屈伏」は、「権限への逃避」と並んで「無責任の体系」を構成する二つの要素とされているものであった(「軍国支配者の精神形態」(一九四九)集④一一六、一四〇頁)。

この「既成事実への屈伏」を、丸山は、日本人の「現実観の構造」――現実/非現実というとき「現実」はどういう構造をもっているか――から説明している(「「現実」主義の陥穽」(一九五二)集⑤

一九四、二〇〇頁)。そして、「与えられたもの」と「日々造られて行くもの」という、「現実」の二つの契機のうち、前者すなわち「現実の所与性」だけが前面に出るとき、「既成事実への屈伏」もうまれるとされている(一九四―九五頁)。そして、以下のような主張がなされている。――『現実』というものは常に作り出されつつある或は作り出され行くものと考えられないで、作り出されてしまったこと、いな、さらにはっきりいえばどこからか起って来たものと考えられていることである。『現実的』に行動するということは、だから、過去への繋縛のなかに生きているということになる」(「軍国支配者の精神形態」集④一一九―二〇頁)。軍国支配を特徴づける「過去への繋縛」を「現実観の構造」から説明したものである。

丸山によれば、「日本の精神的風土では自然的事実へのもたれかかり的な思考が強く根を張っている」が、「今後の行動への展望のために現在立っている地点をどう意味づけて行くか」ということが重要となる(「八・一五と五・一九」(一九六〇)集⑧三六一頁)。「客観情勢」論に対して「主体的な選択の問題」が問われているということである(三七五頁)。本章の冒頭で述べた「自由なる主体」の意味合いもここにある。

10 「歴史主義」との対抗

主体の問題は、丸山が歴史主義をいかにみているかに関わっている。それは、彼の思想史理解にも関係している。

「思想的な伝統を生産的に引き出すためには、思想が孕まれてくる過程でのアンビヴァレントな可能性ということをいつも見逃してはならない」と丸山はいう（「思想史の考え方について」（一九六一）集⑨七八頁）。丸山は、「忠誠と反逆」論文で分析された「君、君たらずとも、臣、臣たらざるべからず」というモラルを素材として考察している。これは、「献身の道徳」、つまり「臣下の側の主体性のない、盲目的な服従ということを強調した教え」としてあらわれることももちろんあったけれども、丸山が強調するのは、このモラルに孕まれている「アンビヴァレントな可能性」である（七八―七九頁）。――「主従関係は絶対なもの、運命的なものであるという前提があると、どんなに主君が悪いことをしても、この主君のもとを去るわけにはいかない、ということをいわば自分の宿命として引き受け、あくまでこの場にいて主君に仕えなければいけないのだ、という帰結になる。そこから、どうしても主君を正しくしていかなければいけないという非常に能動的な態度に逆流していくわけです」（八〇頁）。丸山は、「もっとも権威屈従的と見られる命題を実例にとり出して、そういう命題からさえも、権威屈従と反対の態度をひき出す可能性があることを示そうとした」（八一頁）

のである。

　このように、「過去の思想的伝統の可能性」(八一頁)をみないといけないというのが、丸山の思想史の考え方なのである。「アンビヴァレントな可能性」に注目しながら、「ある可能性は、結果からみるとついに伸びなかったけれども、発端においては現実の結果とはちがった、別の方向性への可能性があった」(八一頁)という見方をするということである。その反対に、結果論からだけみるという立場からは、思想的伝統を生かすということは、「『ヨソ』にたいする『ウチ』の思想という考え方」になり、国粋主義への回帰になったり、「ないものねだりになって、もともときわめて少ない例を、むりやり草の根を分けても探し出し、これを『伝統』としてかつぐ」ことになったりしてしまう(八一頁)。――「そういう可能性の探究によるのでなければ、日本における思想的な『伝統』の発掘ということはできないし、またかりにそれを行ったとしても、それを歴史によって制約された思想史研究に結びつけることができないで、非常に恣意的な議論を展開するという結果に陥るのではないか」(八一頁)。丸山によれば、ウチ・ソト思考は「われわれの根本的な思考様式」になっているものであり、それを変革することが真の啓蒙であるとされていたものである[1]。

　思想史に対する丸山のスタンスは「可能性においてとらえる」というものである。「完結した思想として、あるいは思想の実践的結果としては『反動』的なもののなかにも『革命的』な契機を、服従の教説のなかにも反逆の契機を、諦観のなかにも能動的な契機を、あるいはそれぞれの逆を見出していくような思想史的方法」のことである（「『日本の思想』あとがき」（一九六一）集⑨一一五頁）。

アンビヴァレントな可能性／結果の対比は、政治・政治的思考法をめぐって丸山が提示している可能性の束／でき上がったものという対比と同種のものといえよう。「現実というものをいろいろな可能性の束として見ないで、それをでき上がったものとして見」る立場を批判して、丸山は、「政治はまさにビスマルクのいった可能性の技術です。〔中略〕現実というものを固定した、でき上がったものとして見ないで、その中にあるいろいろな可能性のうち、どの可能性を伸ばしていくか、あるいはどの可能性を矯めていくか、そういうことを政治の理想なり、目標なりに、関係づけていく考え方、これが政治的な思考法の一つの重要なモメントとみられる。つまり、そこに方向判断が生れます。〔中略〕方向性の認識というものと、現実認識というものは不可分なんです」（「政治的判断」集⑦三一九頁）、と述べている。政治とは「可能的なものについての術」なのである（「科学としての政治学」（一九四七）集③一四六頁）。

丸山は、このように、可能態／現実態あるいは完成態として一般化できるような対比を用いているといえよう。そして、いかなるバージョンにおいても、この対比のうちの前項をとらえることの重要性を指摘しているのである。

「近代」っていうものを、成熟した高度資本主義のモダンじゃなくて、近代社会がうまれてくるその荒々しい原初点でね、もっいっぺん思想的につかみなおそうという……その意味で「近代主義者」と言われるのは、むしろ光栄としますね。(「五・一九と知識人の「軌跡」」(一九六〇)集⑯三三頁)

この発言も、可能態／現実態・完成態のヴァリアントである。丸山は「近代主義者」である。ただし、近代社会がうまれてくるその荒々しい原初点で、「近代」をとらえ直すという意味においてである。「近代」は、固まったものではない。内部にポテンシャルを孕んでいるものなのである。思想史としてもこの点をとらえきらないといけないし、前節でみてきたように、制度の把握の仕方においてもこの論点を組み込まなければならないということである。

思想史に関連してもう少しみておこう。

すべてが歴史主義化された世界認識――ますます短縮する「世代」観はその一つの現われにすぎない――は、かえって非歴史的な、現在の、そのつどの絶対化をよびおこさずにはいないであろう。(「歴史意識の「古層」」(一九七二)集⑩六三―四頁)

歴史における「価値判断排除」(！)の傾向は、しばしば実証主義的態度の名で呼ばれる。しかしこの「実証主義」のさらに内奥には、客観的な「なりゆき」のなかに内在している価値（霊）が自らを顕現させてゆくことへの楽観、ないしは「安心」が潜んでいることを見過してはならないだろう。（五一―二頁）

晩年の丸山がこだわっていた、歴史意識の古層論――つぎつぎとなりゆくいきおい論――にほかならない。丸山によれば、日本神話は『なる』発想の磁力が強く、『うむ』を『なる』の方向にひきこむ傾向がある。それだけ『つくる』論理におけるような、主体への問いと目的意識性とは鮮烈に現われないわけである」（九頁）。古層論は歴史主義に関係しており、そこで問われているのは主体ということにほかならない。

「主体への問いと目的意識性」は、転向とも関わっているとされている。「規範性を内面にしっかり持っていない者は、必ず流される」とする丸山は、マルクス主義者の転向の仕方を問題にし、「転向する人は、マルクス主義の中にある Materie［物質］、現実、歴史的現実、それから歴史的発展、歴史的必然性、そちらの方を重視した人は、必ずと言っていいほど転向しました」という。というのは、「現実」はまったく反対の方向に行っている――「翻然として全体主義に行っているわけですね」――からである。「これが『現実』じゃないか。だから、『自由主義から全体主義へ』というのは歴史的必然ではないか」というわけである（「『忠誠と反逆』合評会コメント」(一九九三) 話文③二〇七頁)。歴史的必然がもち出されるのは主体がないからである。ここから現実つまり既成事実への屈服も生じてくるということになる。このように、丸山の歴史主義へのスタンスは、必然としての歴史の展開への抵抗の拠点を探るという問題意識にもとづいたものなのである。[2]

丸山は、こうした文脈で、福沢と加藤弘之を対比的に描いている。「同じく自然科学主義の立場に立ちながら、人間主体をば客観的自然の必然的関連のなかに見失ってしまった加藤弘之の合理主義と福沢のそれとを根本的に分つモメントはまさしくここにあったのである」(「福沢に於ける「実学」の転回」(一九四七) 集③一二三頁)、と。

忠誠と反逆を「自我を中心として、――自我を超えた客観的原理、または自我の属する上級者・集団・制度など、にたいする自我のふるまいかた」(「忠誠と反逆」(一九六〇) 集⑧一六四頁) としてとらえている「忠誠と反逆」をめぐる議論でも、同様の論点がみられる。「痛切な自我内部の葛藤として意識化され」る忠誠の転移は「反逆の内発的なエネルギーを蓄積」するが、「自我の次元での『謀叛』意識が、『歴史的必然』としての体制的革命思想のなかに吸収された」場合には、組織への忠誠と原理への忠誠とは癒着する傾向を強めなかったか、としているのである (二七六頁)。つまり、忠誠対象の転移が、自我内部の痛切な葛藤によって媒介されることなく、歴史的必然として自動的になされていはしないか、ということである。丸山が忠誠と反逆の問題をとらえる際のポイントは、「自我の薬液にひたす」ことなのである（二七五頁）。「忠誠と反逆」論文の掉尾を飾るのは次の文である。――「『本来忠節も存ぜざる者は竟に逆意これなく候』というパラドックスは、そこにまつわりついたあらゆる歴史的制約をこえて、われわれにある永遠の予言を語りかけて来る」（二七六頁）。

われわれは、忠誠と反逆をめぐる丸山の議論を、主体の自立の問題と歴史主義の問題との関連を物語っているものとしてとらえてきた。かくして、結局、内面のエネルギーを備えた強靭な自己制御力を有した主体の確立、ひとことでいえば「精神革命」の問題にどうしても帰着する。本章は、さまざまなトピックを扱いつつも、この問題のまわりを回ってきたのである。

11　倫理の重要性

丸山は、制度における精神、制度をつくる精神という観点から、内面の規範性あるいは痛切な自我内部の葛藤を強調していた。これは、結局、倫理に帰着するのではないだろうか。

丸山の歴史主義批判について、思想史的方法との関連では前述したが、丸山のウェーバー理解もこの歴史主義批判との関連でみていくと、興味深い論点が得られるように思われる。

ウェーバーが、「権限」を厳守する官僚制の精神と「自由」なる政治家の責任倫理を対比させながら、「機構のなかにあることの不可避性の自覚が、瞬間瞬間の自由な人格的決断に結びつくところに理想的人間像をもとめた」ところに、丸山は共感している（「五・一九と知識人の「軌跡」」集⑯三四頁）。また、世良晃志郎との座談でポパーの「歴史主義（歴史法則主義）」批判について批判的に論じつつ、以下のように述べている。――「だけど思想的な深さという点からいえば、ウェーバーの方がもっとつきつめて考えています。だからこそ、あんなに楽観的に社会的条件に寄りかかれない。そのぎりぎりのところが、『職業としての政治』において最後に『我ここに立つ』という心情倫理へいっているところですね。ほとんどルターと同じように、満天下を敵として『我ここに立つ』というときには心情倫理以外にないという、あれだけ責任倫理を強調しながら最後の一点で心情倫理にコミットしている」（「歴史のディレンマ――マルクス、ウェーバー、ポパーをめぐって」（一九八〇）座談⑧二五六頁）。

丸山が念頭においているのは、『職業としての政治』の末尾近くのところである。ウェーバーは、次のように語っている。――心情倫理家が「愚かで卑俗なのは世間であって私ではない。こうなった責任は私にではなく他人にある。私は彼らのために働き、彼らの愚かさ、卑俗さを根絶するであろう」と言うとき、多くの場合は、「自分の負っている責任を本当に感ぜずロマンチックな感動に酔いしれた法螺吹きというところだ」と思われる。これに対し、「結果に対するこの責任を痛切に感じ、責任倫理に従って行動する、成熟した人間――老若を問わない――がある地点まで来て、『私としてはこうするよりほかない。私はここに踏み止まる』と言うなら、測り知れない感動をうける」、と。そして、ウェーバーは、「そのかぎりにおいて心情倫理と責任倫理は絶対的な対立ではなく、むしろ両々相俟って『政治への天職』をもちうる真の人間をつくり出すのである」と述べているのである（ヴェーバー 一〇二―三頁）。丸山は、ウェーバーが引いている、ルターの「私としてはこうするよりほかない。私はここに踏み止まる」という言葉に象徴されるスタンスを、最後の一点において心情倫理にコミットしているととらえたのである。

責任倫理か心情倫理かというとらえ方ではない。責任倫理を強調していたと一般にはとらえられるウェーバーの『職業としての政治』のなかに、丸山は、最後の一点で心情倫理にコミットしているウェーバー像を読み込むのである。内面のエネルギーの重要性の指摘にほかならない。内面のエネルギーの強調を倫理の重視と言い換えてもよいのではないだろうか。

丸山は、自粛現象を論じながら、「自粛の全体主義」を指摘しているが、ここでも問題となっているのは内面のエネルギーといえる（「「自粛の全体主義」のさなかに」（一九八八）話文③四一三頁）。「内面性というのが今やゼロになってしまっている。今や人間としての天皇に対する心配もない。天皇に対して人間として心配するなら、もっとやりようがあります。お祭をやれというわけではないけれど、何となくこれも自粛、あれも自粛ということにはならない」（四一七頁）。天皇の死去をめぐる自粛現象を素材としながら内面性の重要性を指摘しているのが、いい意味での天の邪鬼である丸山らしい。丸山によれば、「内面的な心情が失われるのに反比例」して「偽善と外面的劃一化とが拡大」したのが、昭和天皇の「御不例」のケースなのである(「昭和天皇をめぐるきれぎれの回想」(一九八九)集⑮一四―一五頁)。

とはいえ、社会理論が倫理など持ち出してよいのだろうか？　倫理を持ちだすのは社会理論として十分洗練されていないということではないだろうか？　このことについて、社会学者バウマンの議論を援用して考えてみよう。

バウマンは「人格(character)」の重要性を主張している。社会学者がなぜ「人格」を強調するのだろうか――。

バウマンは、二一世紀の最初の一〇年が終わろうとしている現在を、次のようにとらえている。「ほかのあらゆる生物(人類全体の遊蕩と極端な自信過剰と責任感の生育不全の、無実の『巻き添え犠牲者』)の運命と分かちがたく結びついている人類の運命が危険にさらされている。〔中略〕わたしたち――すなわち人間すべて――は崖の淵に向かっており、しかも急速に、年に数インチずつ崖っ縁に近づいている」(Bauman 2010 p.104: 一五七頁)。そこで、イギリス人の新年の習慣に事よせて、バウマンは次のようなメッセージを述べている。「今日、男であれ女であれ、このままだと未来がどうなるか分かりません、と言ってよい人間はいない。またなぜその方向に向かっているか、その理由を知らないとも言えない。またわたしたち一人一人がどうすべきか、そして大災害を防ぐかすかな可能性を本当に望んでいるのであればいますぐやめるべきことは何なのかについて、知らないとは誰も言えない。一人残らず新年の決意（resolutions）に何を入れるべきかを知っており、一人残らずこの機を逃したら、決意をして、それを何があろうと死守する機会は巡ってこないことを知っている。安楽な暮らしがどれほど犠牲になろうと、どんな犠牲を払うことになろうとも、決意を守らねばならない」（p.105: 一五八―五九頁）。――バウマンは、これを新年の祈願として、自分自身を含めすべての人々に贈るのである。

リキッドモダニティ論の社会学者。現代を、飛行中の飛行機のコックピットに誰も乗っていない状況だととらえる社会学者。そのバウマンが、以上のようなことを述べている。あるいはまた、以下のようにも述べている。――「運命と偶然は行為者に制御できるものではなく、ある選択ではなくほかの選択をせざるを得ないこともある。けれども人格はそうした統計的蓋然性に敢然と抵抗する。人格は運命と偶然が持つとされる全能性を否定し打ち砕く。あきらめて受け入れることと、状況の圧力を撥ね除ける大胆な決断をすることの間に屹立するのは人格である。行為者の持つ人格が蓋然性（probability）や妥当性（plausibility）というテストを楽々くぐり抜けた選択肢に突きつける新たなテストは、蓋然性や妥当性よりもはるかに厳しく、容易に妥協を許すことも言いわけを受け入れることもない。そのテストこそ道義性（moral acceptability）である。あの人格があったればこそマルティン・ルターは已むに已まれず一五一七年の一〇月三一日すなわち万聖節の前の晩に『こうするしかない（Ich kann nicht anders)』と宣言してヴィッテンベルク城教会の扉に九五条の異端論題を打ち付けたのだった」(p.181：二六八―六九頁)。「運命が選択肢を用意し、人格が選択する」(p.44：七一頁)とも述べられている。

みながルターになれるわけではけっしてない。ルターは例外ではあろう。が、要は、主体が、その都度、選択をしなければならないということである。バウマンにあっては、選択ということが倫理的であることの要である。選択してこそ、主体である。ちなみに、"Ich kann nicht anders" とサッチャーの "There is no alternative (TINA)" とはまったく異なる。前者が意味するのは、「私にはこれしかできない」「これが私の選択であり、私はすべての結果とともに完全にこの選択の責任をとる」ということである。道徳的自我は責任を受容することによって生まれ、TINAとともに死ぬのである(Bauman and Obirek p.44)。したがって、道徳や倫理ということばを聞いて、小学校の道徳の時間を思い出してはならない。ここでいう倫理的というのは、あらかじめ決められた約束事やマナーを守るなどということではない。人間であることは倫理的であるということだ。社会理論だから倫理など語らない、繰り込まない、などというのは、とんでもないことである。人間が登場しない社会理論など社会理論に値しないのだ[3]。

ホロコーストを可能にさせたものこそモダニティだとしてモダニティを批判し、ポストモダニティ論やリキッドモダニティ論を展開したバウマンも、このように、人格の重要性を指摘している。人格というのはある種の主体である。とはいえ、モダニティ批判にもあらわれているように、それは単純な近代的主体ではない。[4] 丸山の思想の立脚点もまさしくそこにあった。彼が主張したのも単純な近代的主体ではなかった。

社会学者ベラーの丸山評価は、ここまでみてきた側面をうまくすくいとっているように思われる。ベラーは、丸山への親近感を、「倫理的な個人主義とありうべき民主主義という観点からとらえる」というところに求め、丸山のそうしたスタンスを、共感をこめて次のように評価している。――「丸山に適用されるかぎりにおいて『近代主義』は時代遅れの流行として軽んじられるものというより、未完の研究課題である。丸山は日本における倫理的な個人主義と実質的な民主主義の萌芽に目をかけることを決してやめなかった」（ベラー 一九九七 五一頁）。このように、ベラーは、「倫理的な個人主義と実質的な民主主義の萌芽」をなんとか育てようとした点で、丸山の「近代主義」を高く評価するのである。その評価の背景には、アメリカも日本も、「倫理的に表現された近代のいずれの次元」も十分に制度化されていないという判断がある。

ベラーのこの評価は丸山追悼文において示されたものであり、このときすでにベラーは、『心の習慣』や『善い社会』といったアメリカ社会論を公刊していた。こうした仕事をしつつ、ベラーは丸山とのあいだに問題意識の共通性をみていたのであろう。[5] ベラーのこれらの仕事については「公共哲学としての社会（科）学」とみることができることについては、かつて論じたことがある。[6]

ここでは、少し別の角度から、フッサールを援用しながら丸山やベラーを位置づけておこう。それは、事実学であることを主張し真の人間性にとって決定的な意味をもつ問題から眼をそらすようになった「諸学の危機」から脱しさせ、学問に「生に対する意義」を持たせようとする試みという位置づけ、である（フッサール　一六―一八頁）。フッサールは、一九世紀の終わりごろ実証科学によってもたらされた「学問に対する一般的な評価の転換」を問題視していたのである。――「単なる事実学は単なる事実人をしかつくらない」。こうした、「生に対する意義」をもたせる学問としての位置づけは、「主体的な選択の問題」を強調してきた丸山の学問の位置づけとしてふさわしいのではないだろうか。

12　「近代」という課題――結語

「超国家主義」論文掉尾の「日本軍国主義に終止符が打たれた八・一五の日はまた同時に、超国家主義の全体系の基盤たる国体がその絶対性を喪失し今や始めて自由なる主体となった日本国民にその運命を委ねた日でもあったのである」という主張は、どのように読まれるべきだろうか――。

一九四五年八月一五日に日本に革命――丸山の言葉を宮沢俊義が用いて有名になった「八月革命」、あるいは丸山自身が用いた「無血革命」（「若い世代に寄す」（一九四七）集③八三頁）――があったという丸山の議論をめぐっては、いろいろな角度から批判がなされている。佐藤卓己によれば、一九四五年八月一五日に終わった戦争は存在せず、玉音放送で朗読された「終戦詔書」の日付は日本政府がポツダム宣言受諾を米英に回答した八月一四日であるし、大本営から陸海軍へ停戦命令が出されたのは八月一六日である。そして、国際標準となっているのは、ミズーリ号で降伏文書が調印された九月二日であるという（佐藤 二〇〇六 二〇頁）。また、松本健一によれば、現実にあったのは「戦争に負けた」という悲惨な事実があっただけであるとする江藤淳や（松本 五六頁）、革命とは、天皇制や天皇制ファシズムという「私たちの内部に骨がらみになっている」ものを変革すること、すなわち「自らを内部から変革すること」であり、したがって実際におこったのは革命ではなく、占領軍という外の力による改革であったとする竹内好の立場など（六一頁）、さまざま見方がある。本章の議論を踏まえていえば、丸山の立場は、必ずしもこれらの立場と抵触するものではなく、八・一五に革命があったと自覚的に仮構して、それを自覚的に仕上げていく、その意味で民主主義とは永久革命であるとする立場だったとうけとればよいのではあるまいか。「超国家主義」論文掉尾は、そのように読まれるべきであろう。

戦後第一回の講義草稿として執筆されたものと推察される（宮村 一九九九 二〇〇頁）、一九四五年一一月一日付の「草稿断簡」でも、次のように書かれている。「われわれは今日、外国によって『自由』をあてがわれ強制された。しかしあてがわれた自由、強制された自由とは実は本質的な矛盾——contractio in adjectio——である。自由とは日本国民が自らの事柄を自らの精神を以て決するの謂に外ならぬからである。われわれはかゝる真の自由を獲得すべく、換言するならば、所与としての自由を内面的な自由に高めるべく、血みどろの努力を続けなければならないのである」(講義②一八二頁)。これをみても、八・一五という日付そのものや革命が実際におこったかどうかは、丸山にとって特別に重要な問題ではないといえるだろう。重要なのは、所与としての自由を内面的な自由に高めるための血みどろの努力をしなければならないということである。

本章でみてきたのは、ひとことでいえば、丸山のいう「自由なる主体」はいかなるものかということである。「自由なる主体」を「近代的主体」と言い換えてもよいだろう。この「自由なる主体」の成立を阻んでいる条件を剔抉すると同時に、丸山は成立の条件についてポジティヴな形で描いてもいた。それは、結局、個人の自立と他者感覚が同時に重視されるものであり、まさに丸山のいう精神的開国を要請するものであった。丸山が生涯を通じて課題としたのは、「近代」と「開国」であったといわれるように、「近代」と「開国」こそは、丸山のありとあらゆる重要な論点が絡んでくる中心テーマだということがいえよう。ただし、「近代」と「開国」は別のものではなく、両者は、「近代」を問うていけばおのずと「開国」についても問わざるをえなくなるような関係にある、というのがわれわれの立場である。これについて十分な吟味をすることなくして「近代主義」などという安易な批判をして済ますことは許されないだろう。精神的開国は、グローバル化が進展し、第四の開国の真只中にある現代のわれわれの課題でもある。

註

1　本書第三章参照。

2　転向について、丸山は二つに区別している。転機としての盧溝橋事件に注目しながら、「インテリが新体制への動員にコミットするようになったのが昭和一二年（一九三七）以降だと思います」（回顧（上）一九一頁）とみる丸山は、昭和八年の佐野学・鍋山貞親の転向と新体制以後の転向とは意味が違うという。前者は、マルクス主義・社会主義がネグレクトしていた日本・祖国・皇室への回帰であったのに対して、一九三六《ママ》年以後の転向は以下のように説明されるものである。「いまや自由主義から全体主義へという動向が世界史への必然という考え方が広まり、強くなっている。そうすると、マルクス主義を歴史的必然論で捉えていた人は、割合スムースにその方向に流れていくのです」（一九二頁）、と。

3　この文脈で理解することができる例を、もうひとつあげておこう。それは、思想史家ロナルド・アロンソンの希望論（『われら――社会的希望の再生』）である。現代社会を「希望の私化（privatization）」としてとらえるこの著作の最後をしめくくっているのは、人間の選択の重要性を指摘した次の言葉である。――「ものごとが結局どのようになるかは、われわれが何をなすかにかかっているだろう」（Aronson p.179）。

4　バウマンについては、［中島二〇〇九］も参照のこと。

5　ベラーは、その後も一貫して、丸山を倫理的個人主義としてとらえている。二〇〇七年の講演では、この点に関連して、丸山、ハーバーマス、テイラーの共通性を指摘している（ベラー 二〇一七 四一―四二頁）。

6　中島道男 二〇〇九「制度と社会学――デュルケム＝ベラーの系譜から」で論じている。［中島二〇〇九］二〇一―二八頁参照。

【文献】

Aronson, R., 2017, *We: Reviving Social Hope*, University of Chicago Press

Bauman, Z. ,2010, *44 Letters from the Liquid Modern World*, Polity:『リキッド・モダニティを読みとく』（酒井邦秀訳）ちくま学芸文庫、二〇一四年

Bauman, Z. and S. Obirek, 2015, *On the World and Ourselves*, Polity

ベラー　一九九七「学者丸山眞男と友人丸山眞男」、「みすず」編集部編『丸山眞男の世界』みすず書房

ベラー　二〇一七「近代と向き合う――丸山眞男、ユルゲン・ハーバーマス、チャールズ・テイラー」（中島隆博訳）、『思想』第一一二三号（初出は二〇〇七年の講演）

ダワー　二〇〇四『増補版　敗北を抱きしめて』（上・下）（三浦洋一・高杉忠明訳）岩波書店

フッサール　一九七四『ヨーロッパ諸学の危機と超越論的現象学』（細谷恒夫・木田元訳）中央公論社

古谷　旬　二〇一五「解説」、丸山眞男（古矢　旬編）『超国家主義の論理と心理（他八篇）』岩波文庫

平石直昭　二〇一六「解説――人生への追記」、松沢弘陽・植手通有・平石直昭編『定本 丸山眞男回顧談』（下）、岩波書店

苅部　直　二〇〇六『丸山眞男――リベラリストの肖像』岩波新書

加藤　節　二〇〇四『政治学を問いなおす』ちくま新書

川崎　修　二〇一〇『「政治的なるもの」の行方』岩波書店

木村直恵　二〇一四「「開国」と「開かれた社会」――思想史と思想の間」『現代思想』第四二巻第一一号

子安宣邦　二〇〇三『日本近代思想批判――一国知の成立』岩波現代文庫

――――　二〇一〇『和辻倫理学を読む――もう一つの「近代の超克」』青土社

レーヴィット　一九七四『ヨーロッパのニヒリズム』（柴田治三郎訳）筑摩書房
松本健一　二〇〇三『丸山眞男――八・一五革命伝説』河出書房新社
宮村治雄　一九九九「解題」、『丸山眞男講義録　日本政治思想史一九四九』②、東京大学出版会
――　二〇〇一『丸山眞男『日本の思想』精読』岩波現代文庫
中島道男　二〇〇九『バウマン社会理論の射程――ポストモダニティと倫理』青弓社
中野敏男　二〇〇一『大塚久雄と丸山眞男――動員、主体、戦争責任』青土社
佐藤卓己　二〇〇五『八月十五日の神話――終戦記念日のメディア学』ちくま新書
――　二〇〇六「丸山眞男「八・一五革命」説再考」『丸山眞男』（KAWADE　道の手帖）
清水幾太郎　一九七五『わが人生の断片（下）』文藝春秋
高澤秀次　一九九八『戦後知識人の系譜』秀明出版会
冨田宏治　二〇〇一『丸山眞男――「近代主義」の射程』関西学院大学出版会
遠山　敦　二〇一〇『丸山眞男――理念への信』講談社
梅津順一　二〇〇三「書評　『大塚久雄と丸山眞男――動員、主体、戦争責任』（中野敏男著、青土社、二〇〇一年）」
『社会思想史研究』第二七号
ヴェーバー　一九八〇『職業としての政治』（脇圭平訳）岩波文庫
安川寿之輔　二〇一六『（増補改訂版）福沢諭吉と丸山眞男――「丸山諭吉」神話を解体する』高文研（旧版は
二〇〇三年発行）
米原　謙　一九九五『日本的「近代」への問い――思想史としての戦後政治』新評論
米谷匡史　一九九七「丸山真男と戦後日本――戦後日本の〈始まり〉をめぐって」『丸山真男を読む』情況出版

第三章　知識人と社会批判

1　はじめに

むろん私達はヨーロッパにおけるキリスト教のような意味の伝統を今から大急ぎで持とうとしても無理だし、したがって、その伝統との対決（ただ反対という意味ではない）を通じて形成されたヨーロッパ的近代の跡を――たとえ土台をきりはなして近代思想に限定しても――追えるものでもないのも分りきった事だ。問題はどこまでも超《スーパー》近代と前近代とが独特に結合している日本の「近代」の性格を私達自身が知ることにある。（「日本の思想」（一九五七）集⑦一九四頁）

これは、「日本の思想」（一九五七）で述べられているものである。ここにある「超《スーパー》近代と前近代とが独特に結合している日本の『近代』の性格を私達自身が知ること」というのは、丸山の生涯を貫く課題であるといってもよいだろう。丸山は日本の「近代」を課題としたのであった。

本章は、そのような課題を背負う丸山が日本の「近代」をいかに知ろうとしたのかについて、知識人に焦点をあてて検討しようとする試みである。日本の「近代」の性格を知ろうとするのは、とりわけ知識人の課題だからである。

2 イデオロギーとイメージ

丸山は「超国家主義の論理と心理」論文（一九四六）で、タイトルにもあるように、「論理と心理」に注目した。この論文は、「自分ながら呆れるほど広い反響を呼んだ」（「現代政治の思想と行動第一部追記および補註」（一九五六）集⑥二四七頁）と丸山自らが述懐しているとおり、きわめて大きな影響力をもった。その理由について、丸山自身は、天皇制国家構造の批判は、当時、「マルクス主義の立場から行われたので、自から経済的基盤の問題に集中されるか、でなければ『政治的』な暴露に限られていた」なか、丸山のおこなった「精神構造からのアプローチがひどく新鮮なものに映じた」からではないか、と自己分析している[1]（二四七頁）。

とはいえ、「超国家主義」論文で注目されている「精神構造」は、丸山のその後の議論からすれば、あくまで「超国家主義」の分析に限定されているように思われる。というのも、この論文で焦点があてられているのは「日本国家主義のイデオロギー構造」（二四八頁）だからである。そのことを確かめるためにも、丸山がこの論文で狙っているところについて、改めてみておくことにしよう。

丸山の焦点は、「超国家主義の思想構造乃至心理的基盤の分析」（「超国家主義の論理と心理」集③一七頁）であり、「機構（引用者：外部的な権力組織）に浸透して、国民の心的傾向なり行動なりを一定の溝に流し込むところの心理的な強制力」（一八頁）であった。そのためには、『八紘為宇』的スローガンを頭からデマゴギーときめてかからずに、そうした諸々の断片的な表現やその現実の発現形態を通じてそこにひそむ共通の論理を探りあてる事が必要である」（一八頁）。そうしなければ、「国民精神の真の変革」「精神の革命」はおこなわれないのである（一八頁）。丸山の狙いは、これらの引用にもみられるように、ナチス・ドイツが「我が闘争」や「二十世紀の神話」などの「世界観的体系」をもっていたのに比べ、わが国の場合、そうした体系的なイデオロギーはみられないが、「しかし我が超国家主義にそのような公権的な基礎づけが欠けていたということは、それがイデオロギーとして強力でないという事にはならない」ので、「今日まで我が国民の上に十重二十重の見えざる網を打ちかけていたし、現在なお国民はその呪縛から完全に解き放たれてはいない」（一八頁）、現実に働いているところのイデオロギーを再構成することであった。

なお、「超国家主義」論文について、丸山は、「日本人の日常の行動とその思考過程」を、「日常生活の行為の中に断片的な仕方で現われる無意識的な諸前提や諸価値をも含めて」分析したという位置づけをしている（「「現代政治の思想と行動」英語版への著者序文」（一九八二）集⑫四三頁）。であるならば、イデオロギーに限定しているととらえるのは適切ではないことになろう。じつはそうではない、というのが私の立場である。丸山のここでの主張は、イデオロギーは「世界観的体系」をもったものに限定されるのではなく、日常生活のなかの「無意識的な諸前提や諸価値」までも含めてとらえられるべきだ、という主張なのである。それは、いわばイデオロギー概念の拡張といえよう。拡張であるから、イデオロギーは、表層的なもの・固定したものから深層のもの・固定していないものまで、連続的なものとしてとらえられることになる。したがって、層間の非連続・ズレ・軋轢という論点は、この段階では視野に入っていないのである。

丸山がイデオロギーに焦点をあてた分析をおこなっているからといって、私は、丸山の分析は一面的であるとか限界があるとかという主張をしたいわけではけっしてない。丸山の分析は、総じて、ある問題について特定の問題関心のもとで特定の側面に焦点をあてることを自覚的におこなうものであり、いわば戦略的に一面的だからである。そこを、あれがないこれがないといっても、意味のないことになる。

丸山には、この層間の非連続・ズレ・軋轢を視野に入れた議論がないわけではない。イデオロギーを、ここでみたイデオロギー概念の拡張とは違った角度からとらえる議論がなされているのである。そこで、丸山のその後の考えにおいてはイデオロギーにどのような位置づけが与えられているのか、という問いを検討することにしよう。

幕末の知的世界において、「国際関係」という「未知な異質物」がどのように理解されたのかをとらえるにあたって、丸山は「書物からの知識という問題は一応度外視しよう」という（「開国」（一九五九）集⑧六一頁）。というのも、「異質的な社会と文化の知識をたとえ書物から得る場合でも、全く既存のイメージあるいは伝統的な思考習慣の助けをかりずに、それがいきなり頭に入って来るということはまずきわめて稀だからである」（六二頁）。このように、丸山は、イメージ・思考習慣の位置をとらえることの重要性を指摘している。イデオロギーをみるだけではダメでイメージまで降りる必要の指摘である。ちなみに、列強対峙のイメージは大名分国制からの連想によって、また国際法的観念の受容は儒教的な天理・天道の観念における超越的な規範性の契機を徹底させることによって、というのが丸山の回答である（六二―六三頁）。

私達はナチにおける正統と異端の集中と隔離の問題にしても、またグライヒシャルトゥングの徹底の問題にしても、通念化している解釈がイデオロギーと宣伝の次元にあまりに比重をかけてその世界の様相を眺めていることに気付くであろう。〔中略〕それでは、ナチやファシズムの「全体主義」の問題性はむしろ特定の国の特殊な歴史的状況にだけ限定され、現代の人間にたいして投げかけている普遍的挑戦の意味が見失われてしまう。（「現代における人間と政

治」（一九六一）集⑨三一一頁）

およそ我々の社会とか政治とかの問題を論ずる場合に、抽象的なイデオロギーや図式から天降り的に現実を考察して行くということの危険性だ。（「ある自由主義者への手紙」（一九五〇）集④三一九頁）

「現代の人間にたいして投げかけている普遍的挑戦の意味」をとらえるためには、「イデオロギーと宣伝の次元」から「天降り的に」考察してはならない、と丸山は述べている。この主張はとりわけ知識人にあてはまるものである。日本のインテリ乃至擬似インテリは、主義と主義の闘争という図式で切ろうとするからである。しかし、「現実の社会関係はつねに具体的な人間と人間との関係であり、その具体的な人間を現実に動かしている行動原理は、その人間の全生活環境――家庭・職場・会議・旅行先・娯楽場等々――における全行動様式からの経験的考察によって見出されるべきもので、必ずしも彼が意識的に遵奉しているつもりの『主義』から演繹されるものではない」（三二〇頁）。丸山は、「日本の諸社会関係の民主化をひきとめ伝統的な配線構造を固定化している力がどんなに強靭なものかを、主として具体的な人間関係と行動様式を中心として」とらえようとしているのである（三一九頁）。広義の統治機構と、それの物質的・社会的地盤からの分析（三一九頁）

ではなく、ハデな政治現象の底にある「複雑に交錯している配線の構造」（三一二頁）、「きらびやかな表面の政治的セットの裏の配線」（三一二頁）に注目するのである。そして、この観点から「日本社会のどこに『防衛』するに足るほど生長した民主主義が存在するのか」（三一九頁）という批判もなされているのである。

　ここでみてきた、知識人にみられるイデオロギーや主義への過大な注目について、別のテクストにおいても確認しておきたい。ここで扱うのは、『日本の思想』に収められている「近代日本の思想と文学――一つのケース・スタディとして」（一九五九）である。この論文は、文芸復興期前後の昭和文学論争を、政治―科学―文学の三角関係として見直し、近代日本文学の思想史問題に照明をあてようとしたものである[2]（集⑧一一三頁）。丸山は、プロレタリア文学について、以下のように述べている。

> 問題は、大政治が日常政治のいわば積分の関係におかれるよりは、むしろ日常政治（日常闘争といってもいいが、政治が日常的人間関係の次元に降りてくればくるほど、それは「闘争」という言葉で表現しきれない陰影を帯びて来る）があたかも大政治の単純な縮小再生産、つまり小文字で書いた全社会＝あるいは全世界的規模での階級闘争として観念されていたというところにある。これは〔中略〕「理論」からはみ出る個別的決断の問題を意識化することを軽視し、さらには

日常的観察における例外的事態から仮説を作って行く科学的思考過程が脱落している問題と同じ根から発している。（一三六―三七頁）

これは、「一方『科学』と『思想』をともにイデオロギーの名において混同し、他方、『科学的方法』はもっぱら既定の法則への概括という側面でとらえ」るものであり（一四六頁）、「政治観と科学観のトータリズム」（一三七頁）と呼ぶことができる立場である。こうしたプロレタリア文学の立場を批判する「文芸復興期の代表的イデオローグ」である横光利一や小林秀雄は、「プロレタリア文学において一貫した盲点であった、思想の真理と個体性の問題をそれぞれ早くから追究していた」が、「彼等もまた、科学は一般的尺度を適用すればよいが、芸術はそうは行かぬという考え方に立って、ただ思想をラジカルに科学から芸術の方にひきよせることによって、一層鮮明に文学至上主義の旗幟をかかげることができたのである」（一四七頁）。

丸山は、当時の社会科学と文学の問題について、次のように述べている。「科学の世界と芸術の世界を、ただ、一方を普遍性・法則性・概念性において、他方を個体性・非合理性・直観性において規定するだけでは、両者はただソッポを向き合うだけにおわってしまう。いなむしろ神聖不可侵の理論体系を『享受』する精神的姿勢はもう一つ奥深いところでは、その完璧主義によって、神聖不可侵の美的作品と『感応』する態度とまさに裏腹の関係でつながっているのであり、全体的非合理性は全体的合理性の――互にはげしく憎み合う宿命を負うた――双生児にほかならない」（一五一―五二頁）、と。ここで問題とされているのは、「全体的非合理性」と「全体的合理性」、つまり「トータリズム」にほかならない。双方とも、科学や政治に対して同じとらえ方をしているのである。さらには、「政治観と科学観のトータリズム」を批判する側にしても、偉大な芸術作品に対して逆のトータリズムに陥っているのではないか、と指摘されているのである。後者の「全体的非合理性」についてははぶくとして、政治や科学をイデオロギーとして、法則なり一般的尺度のレヴェルでとらえるトータリズムの立場に対して、丸山は、次のように述べている。「しかしどうして思想や理論の場合には、ある人間がある思想乃至理論を意識的に取ることが、そのまま彼の理論、彼の思想体系を意味することになるのだろう。政治的立場にしても、必ずしも彼の全政治行動がその意識的な政治的立場によってくまなくコントロールされているとは限らない。むしろ政治的立場と政治行動との間には不断にギャップがあり、行動が意図を裏切ってゆく秘密こそ『理論』にとっても中心的課題ではないか」（一四六頁）、と。イデオロギーだけをみていては政治行動をとらえることはできない、という主張である。

また科学については、丸山は、「モデレートな懐疑精神に立った『開かれた』科学観」（一三五頁）を提示している。それは、「『既知の』法則の例外現象に不断に着目して、そこに構想力を働かせ、仮説を作って経験によるトライアル・アンド・エラーの過程を通じて、この仮説を検証して行くという不断のプロセスとして方法を考える」ものである（一三五頁）。

本稿の文脈に引き寄せてみると、この昭和文学論争に触れながら丸山が論じている、科学や政治をイデオロギーとして、法則なり一般的尺度のレヴェルでとらえるトータリズムの立場への批判という論点が注目に値する。「近代日本文学の思想史問題」として学ぶべきものの少なくとも一つは、以上のようなところにあるのではないか。丸山からすれば、イデオロギーにのみ着目しては現実をとらえきることはできない。この昭和文学論争の分析のなかでも、そのことが強調されているのである。

3 思想の層的構成

思想の層的構成についての議論は、イデオロギー／イメージの議論と関わってくるように思われる。

丸山によれば、ある時代の「思想」は抽象性・体系性のレヴェルという観点から成層としてとらえることができる。たとえば、それは、「学者・思想家・政治的指導者の学説・理論・世界観」、「その時代の個々の問題に対する一般社会の意見（世論）」、「『時代精神』とか時代思潮」、「価値意識、生活感覚、生活感情、〝ムード〟」という層である（『日本政治思想史 一九六四』講義④二〇―二一頁）。

また別の著作では、分け方は若干異なるが、思想の層的構成について次のように区分されている。「高度に抽象化された体系的な理論・学説・教義」、「世界観あるいは世界像」、「意見・態度」、「生活感情・生活ムード・実感」、「意識下の次元」（「思想史の考え方について」（一九六一）集⑨六四―六五頁）。そして、思想にオリエンテーション、つまり目標・方向性を与えるのは上のレヴェルであるとされる。「つまり目的意識性、目的設定による方向性というものは、上から下に向かって行く。それに反して思想を推進していくようなエネルギーというものは、逆にこの層の下の方から発して上へと上昇していく」（六五頁）。「思想を推進していくエネルギー」は下の層にあるのであれば、この下の方にある層をとらえきらないと現実をとらえることはできない、ということである。

丸山が、生涯、大きな関心をもって論じていた福沢諭吉――。なぜ丸山は福沢に惚れこんだのだろうか。その理由の一端は今の文脈からもみることができる。丸山は、福沢が「儒教の政治的社会的影響力について消極的見解を持しながら」、他方で「『儒魂の不滅』を痛歎せねばならなかった」ことに触れて、次のように述べている。

しかしひとが数百年に汎って慣れてきた思惟範疇は殆ど生理的なものとなっていて、たとえそれが本来的に適応した対象――この場合は封建社会――が消滅した後でも、容易に拭い去る事は出来ないからである。（「福沢諭吉の儒教批判」（一九四二）集②一四一頁）

儒教的思惟は〔中略〕特定人格の意欲乃至利害心理よりは遥かに深く当時の人間の視座構造にまで喰い入っていたのである。（一四八頁）

福沢の儒教批判のスタンスに、丸山は大いに共鳴していたことだろう。「人間の視座構造」にまで入り込んでいたものを剔抉しないと批判にならないのである。このことはまた、思想の各層の間のズレ・非連続についての指摘でもある。イデオロギー概念の拡張とは異なる主張として先に述べておいた論点にほかならない。この論点は、後述する丸山古層論にも大いに関わってくるだろう。

この文脈で、丸山の超国家主義のとらえ方についてもみておこう。

「日本の最近のウルトラ・ナショナリズムが明治以後の国家ないし社会体制の必然的発展」ではなくて、「かつては日本はもっと近代化されておったが、横合いから不意に乱暴な軍部や右翼が出てきたものだからこういうことになってしまったんだ」ととらえる、津田左右吉など明治のインテリの見方にたいして、丸山は批判的である。では、こうした見方はなぜ生じたのか――。丸山によれば、それは、「明治以後の『近代化』は知識階級と国民大衆との間に非常にギャップがあったので、「知識人の住んでいた世界は観念的にはかなり近代的だったのですが、そうした観念の世界は一般国民の生活を規定している『思想』から遠くかけへだたっていて、国民生活そのものの近代化の程度との間に非常な不均衡があった」からである。つまり、「知識社会が特別の社会」だったからである。それゆえ、知識階級にとっては「最近の神がかり的ファシズムの出現が突発現象としてしか受け取れない」（「日本の思想における軍隊の役割」（一九四九）座談①二六六頁）。このように、超国家主義の出現をいかにとらえるかという点についても、丸山は「思想」の下の方の次元からとらえようとしているのである。思想を推進していくようなエネルギーは、「思想」の層的構成の下の方から発しているからである。この点は、丸山の一貫した主張であろう。

しかし、知識階級／国民大衆を明確に区別するという点には、丸山のエリート主義が顔を出しているのではないだろうか。少なくとも、この、一九四九年におこなわれた座談会における丸山のスタンスには、そうした傾向を指摘せざるをえない。

「漱石とか鷗外とかの思想的レヴェルは、当時のヨーロッパの水準に比してもけっして恥ずかしくない」（二六六頁）が、そうした知識社会は特別の社会だったのであり、「一般の国民層は全くそれと隔絶された環境と社会意識の中におった」（二六六頁）、と丸山はとらえている。このこと自体は事実認識であるともいえよう。では、丸山の次のような見方についてはどうか――。「それがコミュニケーションの発達によって、否応なく『大衆』の動向が政治的にものを**いう**ようになったため、そうした潜在的な社会意識に、軍部ファシズムが火をつけてパッと燃え上がったのではないか」（二六六頁）と丸山は述べているのである。ファシズムの担い手としての大衆という見方といえよう。

とはいえ、この見方は、知識人を批判の外に置いたものではない。丸山は、『日本の思想』の諸論文は、「戦争体験をくぐり抜けた一人の日本人としての自己批判」を根本の動機としており、さきほどみた津田のように、「何人の目にもあらわになった病理現象を、たんなる一時的な逸脱ないしは例外事態として過去に葬り去ろうとする動向にたいする強い抵抗感の下に」書かれたとしている（「『日本の思想』あとがき」（一九六一）集⑨一一三頁）。丸山のファシズム批判は、知識人の自己批判でもあったことを見失ってはならないだろう。

イデオロギーのみではなくイメージまでいかにとらえきるか、あるいは「思想」の層的構成の下層までとらえたうえで議論できるかどうか、ということまでの議論は、知識人と社会批判というテーマでもある。知識人の社会批判はいかなるものでなければならないか。

丸山の社会批判のスタンスについて、詳しく考えてみることにしよう。

4　知識人の位置

知識階級と国民大衆との区分は、知識人の社会批判という文脈ではどのようにとらえられているのだろうか――。知識人は国民大衆を一方的に指導する側なのだろうか？　すでにみてきた他者感覚や精神的開国といったテーマは知識人にどのようなかたちであらわれるのだろうか？

「現代における人間と政治」（一九六一）という小さな論文を素材にしてみよう。この論文は、知識人と社会批判に対する丸山のスタンスがよくわかる論文である。知識人と社会批判をめぐるあらゆる論点が詰まっている。

ナチの「全体主義革命」のふたつの特徴（集⑨二一二頁）はいかにとらえられるか――。ふたつの特徴とは、A「過程の急速性」、B「市民生活への浸透度の徹底性」である。丸山は、一般的にいわれているこのふたつについて、各々、その裏面があることを指摘している。

Aについては、「外側から見ておそろしくドラスティックな打撃の連続」であるが、「内側の世界の住人にとっては意外に目立たない歩一歩の光景の変化として受取られていた」（一九頁）という点である。

Bについては、シュミットが、「『グライヒシャルトゥング』も結局最後までドイツの精神状況の二重構造を打破できなかった」（二三頁）と述べている。つまり、「ドイツ知識層の日々の精神生活が表面の狂瀾怒濤の下で、静謐な自由を保持していたということ」になろうが、これに対して丸山は、「現代においてはそうした『私的内面性』が、われわれの住んでいる世界を評価する基軸としてはいかに頼りないか、を物語っている」という（二四頁）。シュミットのいう『抜きがたい個人主義』は、内面性の名において『外部』を、つまり人間関係（社会）をトータルに政治の世界にあけ渡すことによって、外部の世界の選択を自己の責任から解除してしまった。それは『精神』の光栄なのか、それとも悲惨なのか」（二五頁）。

丸山のこのA・Bの指摘にはそれぞれ次のような対が関係していることがわかる。

α内側の住人／外側の住人

β内面の世界／外部の世界

βの「内面の世界」に閉じこもった反省から、ルッター教会牧師のマルチン・ニーメラーは、「端的に抵抗せよ」、而して「結末を考えよ」という二つの原則を引きだした（二五―六頁）。ここで、さらにαの側面が問題になってくる。それは、「抵抗すべき『端初』の決断も、歴史的連鎖の『結末』の予想も、はじめから『外側』に身を置かないかぎり実は異常に困難だ」（二六頁）ということである。しかし、「外側の住人」にも問題がある。「はじめから外側にある者は、まさに外側にいることによって、内側の圧倒的多数の人間の実感とは異らざるをえない」（二六頁）という点である。

そこで、「同じ世界のなかの異端者の問題」について検討する意義がある。

αで対比されている「内側の住人」と「外側の住人」は、「真二つに分離した二つの『真実』のイメージ」を持っている。しかし、「この二つの『真実』が人々のイメージのなかで交わる機会を持つ必要があるのではないか（二八頁）。この観点から、異端者のポジションの重要性という論点がでてくる。「初めからの正統の世界と初めからの異端の世界、つまり二つの世界の中心部ほど、それぞれのイメージの自己累積による固定化が甚だしく、逆に、二つの世界の接触する境界領域ほど状況は流動的である」（二九頁）。この境界領域は、権力者にとっては厄介な存在である。したがって権力者にとっては、「いかにしてこの異なったイメージの交錯に曝された辺境地帯の住人を権力の経済の原則にしたがってふりわけて行き、両者の境界に物的にも精神的にも高く厚い壁を築き上げるかということ」（二九頁）が課題となる。「二つの世界のコミュニケーションの可能性」を遮断させなければならない（二九頁）。〈境界に住むこと〉の意味は、まさにこれへの対抗ということにほかならない。

境界に住むことの意味は、内側の住人と「実感」を頒ち合いながら、しかも不断に「外」との交通を保ち、内側のイメージの自己累積による固定化をたえず積極的につきくずすことにある。（四三頁）

境界とは、αで示されている内側と外側との境界である。境界においてこそ、「内側のイメージの自己累積による固定化をたえず積極的につきくずす」ことができる。では、なぜ境界においてなのか？　それは、「外側からのイデオロギー的批判がたとえどんなに当っていても、まさに外側からの声であるゆえに、内側の住人の実感から遊離し、したがってそのイメージを変える力に乏しい」（四四頁）からである。内側の住人の、思想の下の層であるイメージを変えうるためには、知識人は境界に立つことが必要なのである。

とはいえ、境界は厄介なポジションではある。「境界から発する言動は、中心部からは『無責任な批判』と見られ、完全に『外側』の住人からは、逆に内側にコミットしているという非難を浴びやすい」(四三頁)。壁の内側にとどまるかぎり、辺境とはいえ、その活動はなんらかの意味で内側のルールや諸関係にコミットすることを避けられないからである(四四頁)。

別の文章のなかでも、この点について論じられている——。丸山は、歴史を学んでいる者としていつも感じることとして、「対象の内側からの把握を通じてそれを突き抜けて行くことのむつかしさ」をあげ、「一つの世界の外側に住んでいる人間が外側からその世界を超越的に批判することは比較的易しいが、それではその世界の内側に住み、その世界のロジックと価値体系に深く浸潤されている人々を動かして外に連れ出す効果は弱い。さりとてその世界の内側にくまなく立ち入って理解しようとすると、いつの間にかミイラ取りがミイラになりがちである」(「野間君のことなど」(一九五三) 集⑥一一一—一一二頁)と述べている。

知識人はこのようなディレンマのなかにある。しかし、このディレンマを逃れることはできない。こうして、丸山は、知識人のスタンスについて、以下のように述べるのである。

知識人の困難な、しかし光栄ある現代的課題は、このディレンマを回避せず、まるごとのコミットとまるごとの「無責任」のはざまに立ちながら、内側を通じて内側をこえる展望をめざすところにしか存在しない。そうしてそれは「リベラリズム」という特定の歴史的イデオロギーの問題ではなくて、およそいかなる信条に立ち、そのためにたたかうにせよ、「知性」をもってそれに奉仕するということの意味である。なぜなら知性の機能とは、つまるところ他者をあくまで他者としながらしかも他者をその他在において理解することをおいてはありえないからである。（「現代における人間と政治」集⑨四四頁）

「まるごとのコミット」は、他者が他者ではなくなるし、「まるごとの『無責任』」は、他者を他者として扱いはするが、その他者を理解しようとすることはない。「他者をあくまで他者としながらしかも他者をその他在において理解する」という丸山のなかで重要であると考えられるフレーズは、「知性の機能」に関わるもの、したがって知識人の任務に関わるものなのである。

丸山による「『開けた《シヴィライズド》』精神」／「開かれている精神《オープン・マインデッドネス》」の区別（対話八六頁）もここに関わってくる。前者は、「自分がすでに開けていると思うことによって、実は閉じた精神に転化している。日本の啓蒙の失敗は、『開けた精神』によって愚昧な大衆を教化できると信じた点にあった」。これに対して、後者は、「自らをも他をも開く作用をいとなむ。これがEnlightenment（Aufklärung）である」。

丸山の与する「開かれている精神」は自己懐疑・自己批判という契機を伴うものなのである。

自己懐疑・自己批判は他者を他者として認識していなければならないだろう。丸山は次のように述べている。

自分と対等な、しかし独立の「他者」として相手を認識することが深くなるほど、その結果は自分を、自分たちの文化を相対化し、また自己批判をする目をとぎすますようになる。（「他者との出会い」（一九七六）座談⑦二八〇頁）

他者感覚こそが自己の相対化、自己批判をもたらすのである。その反対が「珍しい動物を見る目」である。これは、「その観察が自分自身にはねかえってくる、ということがない」。丸山の思想における他者感覚の重要性という論点が、ここにも明確にあらわれている。

このように、境界に住むものとしての知識人、内側にあって内側を批判する知識人は、自分自身をも含む社会を批判することになる。それゆえ、その社会批判は自己にたいしてもたえず批判せざるをえない。丸山は次のように述べ、この点を明確に示している。

もし「逆さの世界」〔引用者：異常な世界〕は敵階級だけの、その支配地域だけの問題とせられ、世界のトータルな変革とは、人間性の高貴と尊厳を――完全にではなくても――すでに代表している己れの世界が、他者としての「逆さの世界」をひたすら圧倒して行く一方的過程としてのみ捉えられるならば、それはマルクスの問題提起の根底にあった論理や世界像とはいちじるしく喰いちがうことはあきらかである。他者を変革する過程を通じて自らもまた変革されるし、されなければならないという痛いまでの自覚にかわって、そこにあるのは現実政治において昔ながらの通念になっている善玉悪玉の二分論と安易な自己正義感にすぎない。(「現代における人間と政治」集⑨四二頁)。

丸山は、兆民を論じながら、「およそ『進歩』の立場で行動するものは、自らのなかに深く根ざす生活なり行動様式なりの『惰性』とたたかいながら同時に社会の『惰性』とたたかうというきわめて困難な課題を背負っている」(「ある感想」(一九五七)集⑦七一頁)と述べているが、これは知識人であることの難しさをよくとらえている。長谷川宏は、「知的社会と民衆の生活とのあいだをどう橋渡しするかは、この社会で知的に生きようとするものがだれしも担わざるをえない問題なのだ」(長谷川　二三一頁)と述べているが、この指摘は、とりわけ知識人にあてある。他者感覚はとりわけ知識人にとって重要ということである。

丸山は、「日本ファシズムの思想と運動」(一九四八)において、日本のファシズム運動の社会的担い手との関連でインテリの二類型の議論をおこなっている。この議論とこれまでみてきた丸山の知識人の位置づけとは、整合性がとれているのだろうか。

丸山によれば、日本の場合も中間層が担い手となっているが、二つに区別しなければならない（集③二九六―九七頁）。

「たとえば、小工場主、町工場の親方、土建請負業者、小売商店の店主、大工棟梁、小地主、乃至自作農上層、学校教員、殊に小学校・青年学校の教員、村役場の吏員・役員、その他一般の下級官吏、僧侶、神官、というような社会層」と「都市におけるサラリーマン階級、いわゆる文化人乃至ジャーナリスト、その他自由知識職業者（教授とか弁護士とか）及び学生層[3]」である。

丸山によれば、わが国の場合、ファシズムの社会的地盤は第一類型であるという。第一類型は「擬似インテリゲンチャ、乃至は亜インテリゲンチャ」と呼ばれる。第二類型こそがインテリである。このインテリについて、丸山は次のように述べている。「インテリは日本においてはむろん明確に反ファッショ的態度を最後まで貫徹し、積極的に表明した者は比較的少く、多くはファシズムに適応し追随しはしましたが、他方においては決して積極的なファシズム運動の主張者乃至推進者ではなかった。むしろ気分的には全体としてファシズム運動に対して嫌悪の感情をもち、消極的抵抗をさえ行っていたのではないかと思います」（二九七頁）。

これをみるかぎり、丸山は、自らも属する第二類型については甘い評価をしているように思われる。自己弁護・自己防御であるように思われる。先にみた、「現代における人間と政治」論文で指摘されている、全体主義が「現代の人間にたいして投げかけている普遍的挑戦の意味」をとらえるという論点にも反しているのではないだろうか。

ドイツの場合は、自国の伝統的文化とインテリゲンチャの教養内容が一致しているが、日本のインテリゲンチャは教養においてヨーロッパ育ちであるので、ファシズム運動の低調さ、文化性の低さには同調できない（二九八頁）。これにたいして、第一類型は、「全体の日本の政治＝社会機構からいえば明らかに被支配層に属して」おり、「生活程度もそんなに高くなく生活様式においては自分の『配下』と殆ど違わない」（二九八—九九頁）。「にもかかわらず彼らの『小宇宙』においてはまぎれもなく、小天皇的権威をもった一個の支配者である。いとも小さく可愛らしい抑圧者でありますよ」（二九九頁）。丸山はこの類型を、みずからの軍隊経験を踏まえてであろう、「丁度軍隊における下士官の演ずる役割と似ている」としている（三〇一頁）。

このように、第一類型は第二類型に比して明らかに批判的に描かれている。とはいえ、後年、丸山はこの議論について以下のような注記（補注）をしている。「以上インテリ層の果した役割についての叙述はファッショ運動に対する精神的姿勢に捉われすぎて、いわゆる『消極的抵抗』の過大評価に導きかねない。むしろ今日の課題としては、当時のインテリの行動様式がさまざまの類型をもちながら等しく体制への黙従に流れこんで行った過程をヨリ微視的に追究する事が必要であろう」（「現代政治の思想と行動第一部追記および補註」（一九五六）集⑥二五五頁）、と。

このように、丸山は、補注において、知識人の位置づけについて自己批判をしている。論文執筆の時期（一九四八）、補注の時期（一九五六）、「現代における人間と政治」論文執筆の時期（一九六一）について、思想史的考察をするのもおもしろいだろう。いずれにしても、丸山が、本来のインテリを必ずしも擁護（自己防御）しているのではないこと、あるいは擁護（自己防御）の立場を修正したことは、注目されてよい。

ちなみに、論文「近代日本の知識人」（一九七七）において、かの「悔恨共同体」という概念を提示し、次のように述べている。「戦争直後の知識人に共通して流れていた感情は、それぞれの立場における、またそれぞれの領域における『自己批判』です。一体、知識人としてのこれまでのあり方はあれでよかったのだろうか、何か過去の根本的な反省に立った新らしい出直しが必要なのではないか、という共通の感情が焦土の上にひろがりました」（集⑩二五四頁）。そして、「精神革命」という課題に触れて、以下のように述べる。

戦争に反対して辛い目にあった少数の知識人でさえも、自分たちのやったことはせいぜい消極的な抵抗ではないか、沈黙と隠遁それ自身が非協力という猜疑の目でみられる時代であったとはいいながら、我々の国にはほとんどいうに足るレジスタンスの動きが無かったことを、

> 知識人の社会的責任の問題として反省せねばならない、もしそれが日本における権力や、画一的な「世論」にたいする抵抗の伝統の不足に由来しているならば、われわれは日本の「驚くべき近代化の成功」のメダルの裏を吟味することから、新らしい日本の出発の基礎作業をはじめようではないか。日本の直面する課題は旧体制の社会変革だけでなく、われわれ自身の「精神革命」の問題である――そうした考えから「これまで通りではいけない」という気持は、非協力知識人の多くをもとらえていた、と思います。（二五五―五六頁）

丸山のなかで「消極的抵抗」をどのように評価するかについて、一九四八年から五六年のあいだのどこかにおいて変化が生じている。そして、知識人の自己批判という契機が重視されるようになった。ちなみに、一九五七年の「日本の思想」論文の末尾では、日本文化を「雑種文化」とする加藤周一の規定に触れて、こう述べられている。――「雑居を雑種にまで高めるエネルギーは認識としても実践としてもやはり強靭な自己制御力を具した主体なしには生まれない。その主体を私達がうみだすことが、とりもなおさず私達の『革命』の課題である」（「日本の思想」（一九五七）集⑦二四四頁）、と。「精神革命」や「革命」が語られているときには、知識階級も免除されてはいない。「われわれ自身の」とか「私達が」とか「私達の」とされていることにも、そのことは示されていよう[4]。

5 内外論理と普遍

社会批判のスタンスとの関連で、日本社会への批判のあり方について、もう少し検討することにしよう。普遍はどこにあるかという問題と関係してくるはずである。

ウチ・ソト思考について、丸山は、「われわれの根本的な思考様式はそう急には変わらないです」と述べている（「日本思想史における「古層」の問題」（一九七九）集⑪二二三頁）。そして、「精神革命というのは口でいうほどやさしくない」（二二三頁）とも述べている。そこで、「われわれの根本的な思考様式」としてのウチ・ソト思考について検討してみよう。検討の中心となるのは、「点の軌跡」論文（一九六三）および「普遍の意識欠く日本の思想」論文（一九六四）などである。

丸山は、「我々の国が非常に特殊の国であったという自覚が必要」という（「普遍の意識欠く日本の思想」集⑯五六頁）。何が問題となっているのだろうか――。丸山によれば、日本は「同一民族、同一人種、同一言語、同一領土」と考えられている。誤解してはならないが、丸山がここで指摘しているのは、「そう考えられていた、という意識、そういう意識が事実あったという問題」に注目しなければならないということである（「日本思想史における「古層」の問題」集⑪一七三頁）。ここから、「所属ナショナリズムは非常に強い」という特徴がでてくる（「経験・個人・社会」（一九六八）座談⑦

一八四頁）。「所属ナショナリズム」と並んで「土着ナショナリズム」という言葉も使われている（「点の軌跡」集⑨一三八頁）。

丸山によれば、「土着主義」の問題性は、「普遍的なるものを、日本がそこから摂取した特定の外国、もしくは特定の外国群の文明と癒着させて理解する」という意味での「擬似普遍主義」の問題性でもある（「日本の近代化と土着」（一九六八）集⑨三七四頁）。丸山は、「もし日本の知性における『普遍主義』に疑問を投げかけるとすれば、それは『普遍主義』が、中国とか西欧列強とかという、日本の『外』にある特定の国家や、文化の特定の歴史的段階〔中略〕に癒着し、それ自体が一個の特殊主義《パティキュラリズム》に堕した、あるいは堕する傾向がある、という点にあると思います」（「近代日本の知識人」集⑩二六四頁）と述べているのである。このように、ウチ・ソト思考に基づく土着主義の打破は、「擬似普遍主義」の打破に行きつかなければいけないのである（「日本思想史における「古層」の問題」集⑪二一八頁）。

明治以後の近代主義も「『欧米』という名の外国主義であり、同時代の欧米諸国がモデル」であった。これを批判して丸山は、「外発」対「内発」という発想に対して普遍性の論理の提示をしなければならない、と語っている（「現代日本の革新思想」（一九六六）座談⑥九四頁）。

普遍という観念は「伝統的には日本の外にあるもの」ととらえられてきたが（「普遍の意識欠く日本の思想」集⑯五六頁）、これに対して、内発的なものをのばすことが主体的だという考え方をとってみても、それは伝統についての「植物主義的」な定義にもとづくものである。「外からきたもの」

に対して「生えたもの」が対比されているにすぎない（「戦後日本の精神革命」（一九六四）座談⑤二三頁）。「よそ」普遍主義と「うち」土着主義との悪循環（「近代日本の知識人」集⑩二六六頁）、つまり『よそ』を理想化する形の擬似普遍主義と『身内』への凝集」との悪循環にほかならない（二六五頁）。

ここで問題となっているのは、普遍性はどこにあるかということである。それは外か内かではとらえることはできない。では、どのように考えたらよいのか——。

まずは、ウチ・ソト思考あるいは「内外論理《うちそと》」（「点の軌跡」集⑨一三八頁）と断絶する必要があるという論点についてみていこう。「内というものは、空間の領域の区別、垣根のこっち垣根のあっちというのではなく、本当は内面性にならなければならない」と丸山はいう。内外が空間的なものだとすると、必然的に差別が出てくるし、人間と人間の結びつきは生まれない、というのである（一三四頁）。このことは、内／外がどのように図示できるかを考えればよく理解できよう。内／外はどうしても空間に線＝境界を引いて、こちらが内、あちらが外とせざるをえない。このとき、内は味方、外は敵ということにならざるをえない。

こうした空間的な思考法に対して、丸山は、人間を点としてとらえるべきだという。

点——これが人間というものです。点ということは、昨日の自分と今日の自分とが、なぜ、同じ自分であるかという問題です。空間ではなく時間でのみ考えるということです。空間的に考える限り、昨日の状況にある自分と今日の状況にある自分はちがうんだから、ちがうのが当たり前ということになり、そうすればどうしても流される。状況を絶たなければいけない、自分を点にまで縮小しなければならないのです。ひろがりを持った自分を考える限り、そのひろがりは、あるいは家族であったり、部落《ムラ》であったり学校であったり、仲間であったりする。

（一三四頁）

わが国は島国でもあり、「所属ナショナリズム」「土着ナショナリズム」「島国ナショナリズム」が強く、普遍をめざしても「擬似普遍主義」になってしまいがちである。その基礎にある「ウチ・ソト思考」「内外論理」と決別する必要があるのである。そのためには、人間を空間・状況と一体としてとらえるのではなく、点としてとらえなければならない、というのが丸山の主張なのである。

「本当の普遍主義は、『うち』の所産だろうが『外』の所産だろうが、真理は真理、正義は正義だ、というところにはじめて成り立ちます」とする丸山は、ヒューマニズムについても、内村鑑三の「人類というのは隣りの八さん熊さんのことだ」という言葉を引き合いにだし、「隣りの八さんを同時に人類の一員として見る目――これがヒューマニズムであって、『人類』というのは遠方に、また天空の彼方に存在する何ものかではない筈です」（「近代日本の知識人」集⑩二六五頁）としている。

コスモポリタニズムほど我々にわかりにくい考えはありません。つまり我々には世界が外にあるわけですからね。〔中略〕世界の市民であると同時に日本人であるという二重性において、コスモポリタン＝人類の一員でありうる。人類は遠い所にあるのではなく、隣りにすわっている人が同時的に人類なのだ。そういうふうに同時的に見るべきことです。普遍は特殊の外にあったり、特殊を追求して普遍になるのではないのです。普遍はいつも特殊と重なってあるわけです。（「普遍の意識欠く日本の思想」集⑯五九頁）

僕がいったような、普遍的なものへのコミットだとか、人間は人間として生まれたことに価値があり、どんなに賤しくても同じ人は二人とない、そうした個性の究極的価値という考え方に立って、政治・社会のもろもろの運動・制度を、それを目安にして批判してゆくことが「永久革命」なのです。（六〇頁）

「擬似普遍主義」ではなく普遍的なものへのコミットによる「永久革命」という構想である。「永久革命」ということが重要なのである。たえざる自己相対化、たえざる自己批判ということでもある。ここまでみてくると、人間は点であるという丸山の主張が、主体としての人間という主張にほかならないことがよく理解できるだろう。「擬似普遍主義」から逃れるためには、人間は主体でなければならないのである。――「状況に働きかける行為以外に主体はない。行為そのもの、働きかけるという行為を通して主体がある。その根源に実体としての主体はない、そんなものは肉体的な存在があるだけです。それは精神の上で何ものも意味しない、点でいいんです」（「点の軌跡」集⑨一四二頁）。状況に働きかける行為そのものが主体であり、実体としての主体は肉体的な存在にすぎない。状況を絶たなければ人間は流されてしまうのである。主体は点としてあるのである。ここにも、精神革命を課題とする丸山の考えがよく表現されているといえよう。

この文脈で、日高六郎のいう通過駅／下車駅の対比をみておこう。

「近代主義」――これ自体は、批判しようとする人々によって外部からつけられた他称だとされている（日高　七頁）――について概観した日高は、前近代↓近代（封建的↓民主的）という点では一致し、超近代としての社会主義社会への展望という点でも多くの場合は異なるところのない、正統派マルクス主義者と近代主義者との違いを説明するにあたって、通過駅／下車駅の対比を用いている。それは、「近代をただ『通過駅』と考えるか、あるいは通過しなければならない多くの『歴史的』不愉快があると同時に、しかし通過してはならない象徴的価値をふくむひとつの『下車駅』と考えるかのちがい」（二八頁）ということである。「下車駅」の場合、極限においては、「近代」は象徴的超歴史的意味あいをもつに至る。「そうした『近代』とは、共同体規制や規格版となった旧慣や動きのとれなくなった儀式主義など――要するにいわゆる『閉じた社会』を象徴するいっさいからの精神の解放であり、主体の自立であり、そして自立した主体のあいだの平等な人間関係の確立であった。〔中略〕たとえばそれは歴史的近代をとびこえて、超近代へ飛躍した社会においても――いま、あるいはいつかは――取りあげられるにちがいないモラルであった。その意味で、それは象徴的超歴史的と考えられたのである。一言でいえばそれは『通過駅』の思想にたいする拒否と言ってもよい」（二八―二九頁）。

日高のいう通過駅／下車駅の対比は、丸山をとらえるにあたっても有効なのではないだろうか。丸山にとって、「近代」は通過駅ではない。通過した後ろに見え、どんどん遠ざかってゆく駅なのではけっしてない。「『よそ』を理想化する形の擬似普遍主義」であるならば、到達したら通過してしまえばよい駅ということになろうが、「普遍はいつも特殊と重なってある」のであれば、そこで下車してたえずふり返りつつ確認する駅でなければならない。通過してしまうことは拒否されなければならない。丸山の考える、普遍的なものへのコミットによる「永久革命」はまさに、日高のいう『通過駅』の思想にたいする拒否」にほかならないといえよう。

「戦後啓蒙主義」というレッテルに対しても、真の意味での啓蒙であれば、丸山は何ら拒否するものではないだろう。啓蒙は精神革命と関連しているからである。「本当の啓蒙」と「通俗的解説」とは違うのだ。「思考のカテゴリーそのものを変えていこうという意識がどれだけあるか」がメルクマールとなる（「福沢諭吉の文体と発想」（一九五八）座談③三〇頁）。こうした観点から、明六社の人々は啓蒙主義本来の課題を方法的に自覚していた、と丸山は評価している。ディドロもいっている「思考の一般的な様式の変革」ということである（「開国」集⑧八二―八三頁）。丸山は、思想の下層にある「思考のカテゴリー」「思考の一般的な様式」を変えていくことをめざす意味では「戦後啓蒙主義」に与しているのである。

6 古層論

丸山（晩年）の古層論も、こうした文脈でとらえることができるのではないだろうか。

丸山は、日本思想史においては、「主旋律は主として高音部に現われる『外来』思想」であるが、「そういう外来思想がそのまま直訳的にひびかないで、日本に入って来るとある『修正』を受ける」、その「外来思想を『修正』させる考え方のパターン」（「日本思想史における「古層」の問題」集⑪一八四頁）――「主旋律ではなくて、主旋律を変容させる契機」（一八一頁）――があるという。これは、当初、原型論と呼ばれ、その後は、古層論とか basso ostinato 論と呼ばれているものであり、歴史意識、倫理意識、政治意識という三つの面からとらえられている。

丸山の古層論にたいして、石田雄は次のように批判的にみている。――「丸山が七〇年代に近代日本の個人と社会の関係という現実的課題への関心を弱め、歴史をさかのぼって文化的決定論に近づいていったことには、丸山を病気と退職に追い込んだ六〇年代末の大学における苦い体験と、丸山の眼には末期的と映じた精神状況に関する悲観的な見方が関係しているのではないかと思われます」（石田二〇〇五 一四頁）、と。このように、石田は「文化的決定論に近づいた『勇み足』の危険性」（一四頁）ととらえたのである。また、世間論を展開して日本社会を批判的に検討していた阿部謹也も、丸山古層論にみられる、日本の歴史意識の非歴史性を問題にし、丸山がこの非歴史性は変えられないものとみなしているのではないかという（阿部 一七九―八〇頁）。そして、阿部はそれにたいして次のように批判するのである。――「しかしもし『世間』の内実が変えられないものであるならば、社会科学に何の意味があるのでしょうか。自分自身を変えられないものに国や世界の未来を変えてゆくことなどできないでしょう」（一八〇頁）、と。

しかし、この決定論や宿命論といった見方はあたっているのだろうか――。たしかに丸山自身も、原型という呼び方は、「古代に『原型』ができてしまって、後はいろいろ時代とともに変わるかもしれないけれど、結局それが歴史を通じて貫徹する」という宿命論的な誤解を招くと語っていた（「日本思想史における「古層」の問題」集⑪一八一頁）。であるからこそ、丸山は「地層学的な比喩」である古層論に変えたのである。そして次のように述べているのである。――「精神革命というのは口でいうほどやさしくない。たとえ現実は変わっても、ただ思考惰性としては、いろんな形のヴァリエーションとして生きつづけている。〔中略〕だから過去をトータルな構造として認識することそれ自体が変革の第一歩なんです」（二二三頁）、と。このように、丸山の古層論は決定論でも宿命論でもなく、「思考惰性」までもとらえきらなければならないという主張なのである。層間には非連続・ズレが存在しているのである。であるからこそ、古層にまで眼を向けなければならない。「逆にいえば、それをしないで、前の方ばかり向いた未来志向だと、下意識なるものが何かの折に噴出し、それをコントロールできなくなる。〔中略〕だから下意識の世界を不断に意識化するように努めねばならない。意識化というのは、認識の対象にするということであって、それを正当化するとか、合理化する、ということではないんです」（二二三―二二四頁）。

ふと訛りがでることにみられるように、われわれは、無意識あるいは下意識の力に影響されている。そのレヴェルまでもとらえきることが大切だというのが、丸山のスタンスなのである。とらえることで、少しずつではあろうが、それをコントロールすることができる。

ここには、丸山が若いときから親しんできたヘーゲルの影響がある。

丸山自身、「私のなかにはヘーゲル的な考え方」があるとして、古層論に関連づけて、次のように述べている。――「〝自分は何であるか〟ということを自分を対象化して認識すれば、それだけ自分の中の無意識的なものを意識的のレヴェルに昇らせられるから、あるとき突如として無意識的なものが噴出して、それによって自分が復讐されることが少なくなる。つまり〝日本はこれまで何であったか〟ということをトータルな認識に昇らせることは、そうした思考様式をコントロールし、その弱点を克服する途に通ずる、という考え方です」（二二二頁）、と。これは、「ミネルヴァの梟は夕暮れになって飛びたつ」というヘーゲルの比喩の、マルクスによる読みかえを踏まえたものである。この読みかえについてのカール・シュミットの指摘に賛同しつつ、丸山は、「日本の過去の思考様式の『構造』をトータルに解明すれば、それがまさに、basso ostinato を突破するきっかけになる」と主張するのである[5]（二二二―二二三頁）。

この論点は、日本の思想における「無構造の『伝統』」についての議論においても、逆の側面から指摘されていた。――「思想が伝統として蓄積されないということと、『伝統』思想のズルズルべったりの無関連な潜入とは実は同じことの両面にすぎない」（「日本の思想」集⑦一九九頁）のであり、国訛りと同様、「時あって突如として『思い出』として噴出することになる」（二〇〇頁）、と。であるからこそ、無意識的なものの意識化が重要ということになる。

7　実践としての認識

丸山の言葉に、「理論と現実の弁証法的統一が実践である」というものがある。これは、「理論と実践の弁証法的統一というのはおかしい。弁証法的に統一したものは何なのか」と問うて、丸山が導き出したものである（対話二二一頁）。この主張は、先の、無意識的なものの意識化という論点と関連させて理解することができると思われる。理論＝概念と現実の弁証法的統一は認識という実践ということではないのか――。であれば、認識とは概念で現実をとらえきる一つの実践としてとらえられる。認識は実践として力をもつということである。われわれの認識活動によって現実は作り変えることができるということにほかならない。

歴史の必然性に対して、丸山は、歴史は変わりうるという主張をしているのである。日本的歴史主義批判である。別様の可能性の主張である。思想史の方法として、丸山は明示的にこのスタンスをとっていた。

丸山の論点は社会学とも直接的に関連している。

社会学の学問的性格としての、ギデンズのいう〈二重の解釈学〉を想起しよう。社会学は自然科学とは性格が異なる。その点を、ギデンズは〈二重の解釈学〉という言葉であらわした。もちろん、この言葉は、今やギデンズの独特の用語法ということではなく、一般化している。ギデンズは、次のように述べている。――社会学が扱う世界は、行為者自身によってすでに意味の枠組みのなかに構成されている世界であり、社会学者は、その意味の枠組みを自身の理論図式のなかで再解釈する。そして、日常言語と専門的な言語とが媒介される。このとき、社会学において構築された概念はたえず「横滑り（slippage）」し、社会学の分析対象であった行為者によって自分のものとされて、社会学の概念が行為者の行為そのものの不可欠の特質となる(Giddens p.162)、と。社会生活は普通の人々の素朴な理論・解釈図式に依存しており、社会学者による社会についての理論・解釈図式は、そうした普通の人々の理論・解釈図式を含む社会を対象としたメタ的な営みだということである。そして、社会学者によって作られた理論・解釈図式は、社会学の客体たる普通の人々に解釈され人々の理論・解釈図式を変容させるのである。つまり、社会学者の理論・解釈図式は、対象たる社会を変化させうるのである。[6]

これは、概念でもって現実をとらえる認識活動によって、現実の別様の可能性も出てくるという丸山の考えでもあるのではないか——。丸山は、回顧談のなかで、「社会科学では、認識主体と認識客体は分離できないのではないか。認識すること自身が一つの実践になるのではないか。その宿命を負っているのではないか」(回顧(上)一四三—四四頁)と語っている。丸山のこの主張は、まだ断片的なものにとどまっているが、ギデンズを通してみてきた主張として敷衍可能なものといえるだろう。丸山の議論は、社会学の学問的性格、社会学の使命にも通じるものといえる。

丸山の思想の変化については、本書はあまり関心を向けていない。たとえば、丸山は、当初、普遍史的な近代化論の立場をとっていたが、古層論や「開国」論文の文化接触論の時期においては、近代化への発展を制約するファクターとの関連をみることが重要であるという立場へはっきりと変わっていったという見方がある(米谷 一九九四)。たしかに、丸山は、古層論に関連づけながら、『近代化』の一方通行でなくて、むしろ近代化と『古層』の隆起との二つの契機が相剋しながら相乗する、という複雑な多声進行にあった」(「歴史意識の「古層」」(一九七二)集⑩四八―四九頁)と述べている。近代化と古層との複雑な関係をとらえるということの立場は、社会学の立場からするとしごく当然のようにも思われる。

たとえばバウマンは、社会学者の課題を個人の伝記(biography)と歴史(history)とを結びつけることに求め、次のように説明している。――「人間の行為を、状況が課す(『客観的な』)挑戦と人間の(『主観的な』)生活戦略の間の継続的な相互作用と交換として読み解くことであり、それは、『人間は歴史を作るが、自らが選んだ条件の下で作るのではない』という、(『ルイ・ボナパルトのブリュメール十八日』の)マルクスを踏まえたものである」(Bauman p.34: 五三頁)、と。このようにみてくれば、丸山についても、考え方・立場の変更というよりも、近代化への見方が深化したということではないだろうか。

いずれにせよ、本書の丸山論のスタンスは、丸山の思想の変化の問題というよりも、丸山の思想をポジティブにとらえようとしている。そのとき、いかなる丸山像が提示できるかということが、本書の関心なのである。

8 批判か改宗か――結語

丸山の日本社会の分析は欠如理論だという批判がある。すなわち、自らは西欧社会と一体化したうえで、自分を除いた日本社会を批判しているにすぎない、という批判である。たとえば（第一章でみた）佐伯啓思による批判がその典型である。ほんとうにそうなのか？ 社会批判についてかつて論じたことを踏まえて、丸山の社会批判のスタンスを位置づけてみたい[7]。

社会批判（social criticism）はいかなる批判なのか？ その性格を、マイケル・ウォルツァーに倣って、文芸批評（literary criticism）と対比しつつ明らかにしてみよう。

文芸批評の場合、literaryという形容詞はcriticismという営みの対象を示しているだけである。これに対して、社会批判の場合、socialという形容詞は営みの主体についても告げている。社会批判とは社会的な活動なのである。とはいえ、社会が自己を批判するわけではない。社会批判に携わるのはあくまで個々の人である。しかし、この諸個人は会話に加わっている他のメンバーに公的に語りかけるメンバーであり、彼らのスピーチは集合生活の状態についての集合的な反省を構成している（Walzer p.35: 四三頁）。ここに、文芸批評とは異なる社会批判の特徴がある。

さらに、改宗／批判、征服／革命という二つのペアを考えてみよう。

二つのペアの後項である批判と革命は、多少とも反省的・再帰的な性格を有している。社会批判というときの「社会」が、上述のように、批判の対象だけではなくその主体をも意味しているのであれば、社会批判という営為はやはり反省的・再帰的なものであるだろう（pp.44―45：五六―五七頁）。したがって、社会批判家が彼自身の生活から生じる価値を文字どおり「かき消してしまう」とき、もはや社会批判とは別のもっと〝ラディカルな〟改宗や征服になってしまうだろう。社会批判と改宗・征服とはまったく別物である。改宗や征服は、批判家が社会から自分を切り離したうえで、全面的に、別の何らかの（想像された、あるいは、現実の）社会を差し替えることにほかならない。仮にこれも社会批判と呼べるとしても、道徳的に魅力ある社会批判の形態ではない（p.52：六七―六八頁）。

ウォルツァーを援用しつつ述べたことは、社会の構成員としての社会学者がその社会について分析するという、社会学の基本的な性格を考えてみれば容易に理解できるだろう。社会は客体であると同時に、社会学者を含めたわれわれでもある。このとき、社会学者の分析は、同じく社会の構成員であるわれわれに向けられたメッセージでもある。このメッセージは構成員に届くのでなければ魅力あるものにはならないというのは、当然のことであろう。

欠如理論という丸山への批判は、丸山が社会批判をおこなったのではなく改宗を説いたという批判として位置づけられる。もし丸山が改宗を説いたのであれば、そうした点での丸山批判は理のある批判であろう。しかし、〈境界に住む知識人〉という論点にみられるように、そうした丸山批判は的外れだといわざるを得ない。社会批判と改宗との違いに関連して、丸山が一九六九年に書きとめている「自己否定」についてのメモをみておくことは有意義であろう。丸山は、「『自己否定』とは、孤独な自己にたえられなくなった者が他者との同一化をあえぎもとめるヒステリックな叫び」としている（対話二七一頁）。当時流行した「自己否定」は、丸山によれば、社会批判ではなくて改宗とみなされるものなのである。

丸山のいう、境界に住む知識人は、内外論理から脱却して、内側を通じて内側をこえる、あるいはまるごとのコミットとまるごとの無責任のはざまに立つ、という困難な課題を担っていた。こうした知識人論を展開している丸山を、改宗を主張したものととらえることはできない。

最後に、丸山の日本「近代」への批判を改めて位置づけておこう。

近代への丸山の高い評価は、「近代の超克」論への批判という位置づけをもっていた。――「広島市宇品の船舶司令部から私が復員して後、最初に発表した文章」とされている「近代的思惟」論文（一九四六）では、「我が国に於て近代的思惟は『超克』どころか、真に獲得されたことすらないと云う事実はかくてようやく何人の眼にも明かになった」（集③四頁）、と述べられていたのである。

「近代の超克」論をめぐって小林敏明は、「『近代化の遅れ』という時代条件は『近代の超克』という発想法を生み出した土壌にもなりうるのではないか」、あるいはもっと積極的に、「ほかならぬ近代の遅れ、すなわち近代以前の状態から他に遅れて近代に移行する、そのプロセスにおいてこそ

『近代の超克』という発想が生まれるのではないか」という考えを提示している。「『近代の超克』というかぎり、ことは一見近代の爛熟期ないし終焉期において語られることのように聞こえてくる」。が、そうではない。「『遅れてきた』ということは、すでに近代を体現した先行する国や地域を『外部』にモデルとしてもっているのである。「論議においては時代の流れに見えるものが、じつは地理的空間的な内容を孕んでいるのである」（小林 一六六―六七頁）、と。

小林のこの議論を考慮に入れれば、丸山の超克論批判は内外論理批判と関連しているとみることが可能になろう。超克論は、結局のところ、「外部」をモデルにした議論にほかならない。近代的思惟は真に獲得されたことがないばかりでなく、外部にあるものでもない。これが、超克論への丸山の批判である。

その意味で、欠如理論と超克論は同じ位相にある。前者は外部をプラスに評価するのに対して、後者は外部をマイナスに評価している。いずれの場合も、モデルとして外部が考えられている。丸山の議論はそうした議論とはまったく異なっている。――このことを、本稿は、知識人と社会批判をめぐる丸山の戦略をみるなかで明らかにした[8]。

丸山が目指したのは、あくまでも、「日本の『近代』の性格を私達自身が知ること」、すなわち、日本の「近代」の自己認識である。そして、それを可能にする知識人は、内に閉じこもるのでも外に乗り移るのでもなく境界にあること、また、閉じた精神からの離脱・超越を一度きりで完成するものとみるのではなく、たえず自己相対化を続ける、開かれている精神であること、という二つの側面からとらえられていたのである。後者の自己相対化にとって重要な契機となるのが他者感覚であるというのも、丸山の大事な論点であった。知識人の要件としての、境界にとどまり、開かれている精神であることこそ、永久革命の担い手として求められている条件であろう。

註

1 丸山がこうしたアプローチをとったのは、アメリカの行動科学の影響が入ってくるよりも前の、「手づくりで必要な概念を創り出している段階」のことであったのは（石田 一九八四 一八四—八五頁）、注目されてよい。

2 この論文の理解にとっては、[宮村 二〇〇二] が大いに助けとなる。

3 サラリーマン層や学生層に典型的なように、この類型は、戦後、大きく変化したことはいうまでもない（「現代政治の思想と行動第一部 追記および補註」（一九五六）集⑥二五六—五七頁）。

4 なお、「主体」の問題についてはとりわけ本書第二章を参照のこと。

5 丸山が、古層をさらに basso ostinato と呼び変えたのは、「マルクス主義における『土台』のようにとらえられることを警戒してのことである。丸山は、マルクス主義とは違って、「『土台』としての『古層』によって、もろもろのイデオロギーが、『基本的に』あるいは『究極的に』制約される」という考え方はとらない（「原型・古層・執拗低音」（一九八四）集⑫一五一—五二頁）。

6 ギデンズについてのアンソロジーをまとめたある社会学者は、この点を次のように述べている。——「影響力のある社会理論家の仕事は、きわめて生産的で創造的な活動である。――彼／彼女の概念・議論・理論および『進行中のことがら』についての定義は、社会生活の構成において重要な役割を演ずるようになる。とはいえ、理論家の仕事がどのように解釈され、どの程度の効果がもたらされるのかについては、理論家自身のコントロールを大きく超えている」(Cassell, p.35)、と。

7　中島道男 二〇〇九「社会批判の二つの形態――デュルケムとの関連で」で論じたことを踏まえている。[中島二〇〇九] 二四四―四五頁参照。

8　文芸評論家の加藤典洋は、「敗者の想像力」を展開し生き抜くことにこそ「戦後の日本の社会の一つの未知の領域」があるという考えから（加藤 五頁）、「日本の戦後における敗者の想像力の諸相」（二八頁）を探ろうとした『敗者の想像力』において、海の向こうの優れた先進の文物と思潮に、劣者はどのように対すればよいのかと問うている。――「むろんこれに学ばなければならない。しかし、これを勝者の模倣として学ぶだけなら、これは縮小再生産である。いつまでたってもこの主人＝優者と奴隷＝劣者の関係は変わらない。これを劣者として、劣者の仕方で学ぶとはどうすることか。つまり優者の文物、思潮を、優者よりも広くて深い経験の領域で、受けとり、学び、さらに自分のものにし、これまでになかったものへと育てるには、どうすればよいか」（一六〇頁）、と。

加藤は、戦後の思想家たちを「戦後民主主義思想」と「戦後思想」に区別し、前者は、「誤りを反省し、先進の西洋思想から学ぶことを第一とする」のに対し、後者は、「いま自分たちに課せられた現実を基礎に、この第一の道に『抵抗』しつつ、自己形成する」流れだとしている（一六〇―六一頁）。前者には、丸山真男、加藤周一、桑原武夫、日高六郎が、後者には、吉本隆明、鶴見俊輔、中野重治、竹内好、埴谷雄高、鮎川信夫、谷川雁、花田清輝、江藤淳、橋川文三の名があげられている。そして、両者の違いをもたらすものこそ、「敗者の想像力」とされる（一六一頁）。当然、加藤は後者の系譜を評価している。

では、「なぜ優勢な者の優れた考えを追い、進んだ文物を導入するだけではダメなのか」。加藤はこうした問いに、次のように答える。先進の思潮と文物の「達成した『上澄み』を移入してそれに追従し、効率よく『追いつき追い越す』こと」ではダメで、「『先進』の文明の限界の外にある者には、『遅れ』に基づく『広い』経験の場に立脚して、そこから新しい方向を切り開くという可能性」に挑まないといけない（一六六―六七頁）、と。――「勇者の道に倣うか、劣者の道を切り開くか」（一六〇頁）。

さて、この加藤の議論はわれわれの丸山論とどう関係するのだろうか――。丸山は、加藤の分類では「戦後民主主義思想」に分類されている。しかし、丸山の、境界に住むものとしての知識人、開かれている精神、内外論理批判などの議論をみてきたわれわれからは、丸山を、加藤のいう「戦後民主主義思想」のなかに属させるわけにはいかない。「勇者の道に倣う」ことは外にモデルを求める内外論理に立脚したものであり、それこそ丸山が批判していたものだったからである。丸山は、「戦後民主主義思想」の内外論理に『抵抗』しつつ、自己形成」したのである。「戦後民主主義思想」対「戦後思想」という枠組みでは、少なくとも丸山を正確にとらえることはできないのではなかろうか。

加藤の言うように、丸山とは批判の流儀が異なる系譜があるのは確かである。たとえば、丸山とは近所付き合いもし、互いに敬意をもって接していた竹内好は、間違いなく丸山とは批判の流儀の異なる知識人であろう。鶴見俊輔が、竹内についてうまく説明している。――「日本民族固有の使命をかざして大東亜戦争につきいった国家の決断を支持した国民。日本国民が指導者にだまされたのではなく、みずからの決意をもって総力戦に入っていったことを、竹内は自分個人の実感をもってここにうらがきする。それは竹内個人の失敗であり、日本国民の失敗である。小さな兵力をひきいて日本にのりこんできたマッカーサー元帥が軍事上の都合によって、日本国民に責任はない、指導者だけに責任があると言い、共産主義者、社会主義者、自由主義者、進歩的知識人がその判断を受けいれるとしても、それは竹内好には受入れにくかった。彼は決して受けいれない。みずからの戦争責任と、自分の戦後をもってとりくみたいと望む」（鶴見 一七七―七八頁）。竹内とは対照的に、丸山は、敗戦の報を聞いて、ある友人と、「どうも悲しそうな顔をしなけりゃならないのは辛いね」と話し合ったという思い出を語っている（「戦争と同時代――戦後の精神に課せられたもの」（一九五八）座談②二〇三頁）。竹内と丸山とでは、敗戦体験のとらえ方がまったく異なる。とはいえ、これはセンスの違いの現れであり、社会批判の流儀の優劣の問題ではないはずである。というのも、丸山は自らを批判の外においていたわけではなかったからである。丸山自身、竹内好を、「思想的資質・発想が全くちがっているけれども、ちがった方向から思いがけずぱったり会うというか、思いがけず隣にいる」というタイプであるとし、「自分と発想や資質が非常に似ているにもかかわらず、気がついてみると離れてしまって距離が遠くなった人」と対比している（「好《ハオ》さんについての談話」（一九六六）集⑨三三七頁）。

いずれにせよ、本章では、竹内とは系譜の異なる丸山の社会批判の流儀の理論的意味を検討し、そのポジティブな意義を明らかにしようとしたのである。

【文献】

阿部謹也 二〇〇六『近代化と世間――私が見たヨーロッパと日本』朝日新書
Bauman, Z., 2014, *What Use is Sociology?* Polity:『社会学の使い方』（伊藤茂訳）青土社、二〇一六年
Cassell, Ph. ed., 1993, *The Giddens Reader*, Macmillan
Giddens, A., 1976, *New Rules of Sociological Method*, Basic Books
長谷川　宏 二〇〇一『丸山眞男をどう読むか』講談社現代新書
日高六郎 一九六四「戦後の「近代主義」」、『近代主義』（現代日本思想大系 34）筑摩書房
石田　雄 一九八四『日本の社会科学』東京大学出版会

――― 二〇〇五『丸山眞男との対話』みすず書房
加藤典洋 二〇一七『敗者の想像力』集英社新書
小林敏明 二〇一五『廣松 渉――近代の超克』講談社学術文庫（初出は二〇〇七年）
宮村治雄 二〇〇一『丸山真男『日本の思想』精読』岩波現代文庫
中島道男 二〇〇九『バウマン社会理論の射程――ポストモダニティと倫理』青弓社
鶴見俊輔 一九九五『竹内 好――ある方法の伝記』リブロポート
Walzer, M., 1993, *Interpretation and Social Criticism*, Harvard University Press:『解釈としての社会批判』（大川正彦・川本隆史訳）風行社、一九九六年
米谷匡史 一九九四「丸山真男の日本批判」『現代思想』第二二巻第一号

第四章　デュルケムの「国家―中間集団―個人」プロブレマティーク

――丸山結社論への前奏

1　はじめに

デュルケムをとりあげて古典の現代的意義について考えるのが、ここでの課題である。本章では、古典の現代的意義とは何かというこの問いに対する一つの回答を、デュルケムの「国家―中間集団―個人」という問題の立て方を素材とすることによって示してみたい。

古典と現代とのあいだの一〇〇年の距離は大きい。古典の現代的意義を考えるにあたってこの点を無視することはできない。近代社会学は前近代社会／近代社会の落差のなかで思考してきた。そもそも、社会学は西欧近代社会の自己認識の学として誕生したのである。産業革命とフランス革命の影響で大きく変動し、これまでのルーティンが通用しなくなった社会のありようを認識しようとする営みから、社会学は生まれた。一九世紀前半あたりのことである。これに対し、現代社会学は近代社会／現代社会の落差のなかで問題を設定している。そうであるならば、古典の解答が現代社会にそのまま適用できないのは当たり前である。この距離を一挙に飛び越えようとしても仕方がない（中島二〇〇九、二〇一五）。

古典としてのデュルケムの意義については、私もこれまで何回か考えを発表してきた。古典の現代的読解に対するこれまでの私の戦略は、主として、古典のもつ理論的ポテンシャルを掘り出して、その可能性をリミットまで展開するというものであった。そのひとつが集合的沸騰論を中心にしてデュルケム社会理論を〈制度〉理論として読み解くという作業である（中島一九九七）。また、デュルケムを「公共哲学としての社会科学」の系譜のなかに位置づける試みもおこなってきた（中島一九九七、二〇〇一、二〇〇九）。

本章では、これとは少し異なる戦略をとってみたい。デュルケムの「国家―中間集団―個人」という問題の立て方をとりあげるのは、あくまでひとつの素材として、である。これがデュルケムのなかの理論的に最も豊かな鉱脈であるということでは必ずしもない。デュルケムのこの問題設定を基本的な解釈格子ないしは読解格子として、いくつかの日本社会分析を整理してみたらどうなるか、ということを考えるのである。このことは、デュルケムで現代日本社会を切るということと同じではない。結果として、この問題設定の理論的な意義あるいは現代社会分析のツールとしての有効性を見出すことはあるかもしれない。考察の焦点は、あくまでも、古典としてのデュルケムの現代的意義を考えるひとつの素材にあてられている。

2 デュルケムにおける〈中間集団の存続の問題性〉と〈中間集団の不在の問題性〉

デュルケムの「国家―中間集団―個人」については、これまでも注目されてこなかったわけではない。デュルケム研究史を振り返ることは割愛するが、国家論を中心としたデュルケムの政治社会学、あるいは中間集団論の考察の際には、必ず言及されるといってもよい。

この論点は、二段階にわけて、とはいえ一対のものとして考えることが重要である。①国家という普遍的権力が中間諸集団を否定することによってはじめて個人が解放されるという主張、②肥大症的な国家と未組織の無数の個人の無媒介的接触は社会学的怪物であり、中間集団の再建が必要であるという主張、の二つである。①は〈中間集団の存続の問題性〉であり、②は〈中間集団の不在の問題性〉である。デュルケムは〈中間集団の存続の問題性〉と〈中間集団の不在の問題性〉をともに考えようとしていたのである。

まず、〈中間集団の存続の問題性〉についてである。

デュルケムは、個人の発展にその余地が与えられるために何が必要かという文脈で、以下のように述べている。

かれが、二次的集団によって拘束されたり、独占されたりしてはならず、またこの集団がその成員を手中に収めたり、かれらを思うがままに形成・陶治することがあってはならないのである。それゆえ、こうした局地的な権力や家族の権力、要するに二次的な権力のすべての上にあり、そのすべてに法を課すような普遍的な権力がなければならない。つまり、それぞれの二次的な権力に対して、それが全体ではなく全体の一部にすぎないこと、原則上全体に属するものを自らの下にひきとめておいてはならないことを教えるような普遍的権力が存在しなければならない。〔中略〕かくして、国家の本質的な機能は、個人の人格の解放にあるということになる。(Durkheim 1950 pp.97—98：九八頁)

デュルケムは、国家の本質的な機能は個人の人格の解放であると主張している。いうまでもなく、この主張は、ドレフュス事件の渦中で書かれた「個人主義と知識人」論文において明確になった「道徳的個人主義」の主張と並んで、デュルケム・ルネッサンスの引き金となったものであり、このルネッサンスの中心的推進者のひとりであるA・ギデンズが、この二つの論点について影響力をもった論文を書いたことはいまだ記憶に新しいことだろう。しかし、忘れてはならないのは、国家が個人の人格を解放するのは、国家という普遍的な権力が家族、同業組合、教会、地域社会などの中間諸集団の個別的な権力をまず解体するからだ、ということである。〈中間集団の存続の問題性〉ということが示しているのはこのことである。

デュルケム論において注目されやすいのは、次に論じる〈中間集団の不在の問題性〉の方であるが、その前提となっている〈中間集団の存続の問題性〉という論点が見落とされてはならない。〈中間集団の不在の問題性〉はよく知られていよう。デュルケムは次のように述べている。

国家の干渉の目標とその結果は、既存の専制をとり除くことにある。だが、こんどはこの干渉の方が専制的になってしまわないだろうかという声も起ろう。それに拮抗すべき力がまったくなければ、おそらくその通りである。この場合に国家は、現存する唯一の集合力であるから、どのような同種の対抗力によっても相殺されない集合力が個人に対してつねにもたらすはずのあの諸結果を生みだすことになる。国家は、平等化の力にも抑圧の力にもなる。そして、国家による抑圧は、小集団から生ずるそれよりも人為的であるがゆえに、いっそう耐えがたいものである。(p.98: 九八頁)

個人の人格を解放した国家は、個人と比較してきわめて大きな集合力であるから、個人を抑圧する力にもなる。そうならないためには中間集団が必要である。中間集団が再建されなければならない。普遍的な権力としての国家が中間集団の個別的な権力をいったん解体させたうえで、中間集団の「再建」が要請されるのである。これが、〈中間集団の不在の問題性〉という論点が示すものである。次の引用は、デュルケムの論点をよく示していよう。

国家という集合力が個人を解放する存在たりうるためには、それ自らが拮抗力を必要とすること、国家は他の集合力によって、〔中略〕二次的集団によって制約を受けねばならないこと、このことである。二次的諸集団は、ただそれらのみが存在することは望ましくないとしても、存在すべきであることには変りがない。そして、社会的諸力のこの葛藤のなかからこそ、個人の自由は生まれるのである。(pp.98—99: 九九頁)

個人の解放、あるいは個人の自由が維持されるためには、国家と再建された中間集団との葛藤が必要なのである。デュルケムの主張は、このように、きわめて動的なものである。もちろん、デュルケムの生きた時代は、〈中間集団の存続の問題性〉よりも〈中間集団の不在の問題性〉が顕著であり、「社会学的な怪物」としてとらえられていた。

未組織の無数の個人から構成された社会、それらの個人をだきとめて手放すまいとする肥大症的な国家などは、まさしく社会学的な怪物である。〔中略〕ひとつの国民は、国家と諸個人とのあいだに、一種の第二次的集団をすべて挿入することによってのみ、みずからを保持しうる。(Durkheim 1893 pp.XXXII―XXXIII: 二四―二五頁)

ここには、一七九一年のル・シャプリエ法によってあらゆる中間集団が廃止されたことへの批判がある。そして、デュルケムは、周知のように、職業集団の再建の提言をおこなうのである。本章の関心はこの提言の前提となっている問題設定の方であるので、職業集団論については深入りする必要はないであろう。「社会学的怪物」という時代診断の前提となる〈中間集団の存続の問題性〉を無視してしまってはならないというのが、本章の立場である。

3　日本社会と「国家―中間集団―個人」

デュルケム解釈として、〈中間集団の不在の問題性〉の前提となる〈中間集団の存続の問題性〉の意義については、これまで十分語られてこなかったと述べた。もちろん例外はある。J. B. Allcockというスロベニア社会の研究者は、スロベニアに事例をとりながら、「市民社会」は中間集団の役割に関する単純な命題に還元されるのではなく、個人の諸権利と強い国家とを分析の中心におくことを要求するデュルケムのプロブレマティークの重要性を指摘している（Allcock p.63）。市民社会論の流行に対して、中間集団があるから良い社会であるとはけっしていえないという主張をしているのである。

このように、デュルケム解釈のなかにも〈中間集団の存続の問題性〉の意義を強調するものはもちろん存在しているし、私もかつてこれに注目したところである（中島 二〇〇一 一〇一―一〇五頁）。また、単なるデュルケム解釈に限らずもっと視野を広げてみれば、〈中間集団の存続の問題性〉の論点が議論の焦点になっていることがわかるはずである。ここでは、日本社会についての議論・分析を事例とすることによって、その分析で「国家―中間集団―個人」プロブレマティークが実際上いかに用いられているかをみていくことにしよう。そのことによって、デュルケムのプロブレマティークの日本社会論への応用可能性についても確認できるであろう。

3―(1) 樋口陽一と井上達夫の場合

まず、憲法学者の樋口陽一の議論である。樋口は、デュルケムにも言及しつつ、国家が中間集団を徹底的に否定することがないと個人が解放されないという点を強調する。

樋口は、ルソー＝ジャコバン的国家観／トクヴィル＝アメリカ型国家観という、二つの国家像の対比を用いている。前者は「大革命以来のフランス型近代国民国家」であり、後者は「八〇年代以降になって展開してきた新しい傾向」である（樋口 一九九四 七二頁）。前者では、「中間団体を否認する〈国家↔個人〉の二極構造のもとで、国家権力だけが正統のものとされる」のに対して、後者では、「結社の存在を積極的に容認し、社会的権力もまた正統性をもちうるという前提のもとで多元モデルを描く」のである（五九頁）。樋口は前者に与し、フランス史を踏まえつつ次のように主張する。「身分制的社会編成の網の目をいったん破砕して個人を析出するためには、個人的国家《ママ》の二極構造を徹底させることは、どうしても必要な歴史的経過点だったはずである」（六四頁）、と。そして、こうした観点から、「ル・シャプリエ法による力づくの『個人』の析出が行われたこと〔中略〕は、まさしく歴史の必然だったはずである」（六四頁）と主張する。

この文脈で樋口はデュルケムに注目している。「個人主義は、歴史のなかでは、国家化（étatisation）と同じあゆみで進んできた」（Durkheim 1899 p.171）という論点に、「デュルケムの古典的言明」として言及しているのである（樋口 一九九四 九一頁）。あるいはまた、「歴史過程としては、デュルケムが言うとおり、『国家化の過程』こそが、諸個人を『中間集団』から解放したのだった」（樋口 一九九九 七三頁）とも述べている。憲法学者の樋口がデュルケムのこうした論点に注目しているのは、デュルケムの影響力という点で興味深いところである。

樋口は、こうした観点から、日本社会についても論じている。「一八八九年という日付に象徴される日本の近代にあっては、市民革命の欠如にもかかわらず集権国家を実現してしまった〔中略〕

ことこそが、問題であった」（樋口 一九九四 六七頁）、と。ここでもち出されている一八八九年とは、大日本帝国憲法が制定された年である。[2] 樋口のこの指摘は、次章で触れる丸山眞男の言葉で言えば、政治的集中と政治的拡大というふたつの契機のうち、前者が後者をともなうことなく実現してしまったということになるであろう。そうした観点から、樋口は次のように述べている。「一九八九年の日本社会にとっては、今日なお、中間団体の敵視のうえにいわば力づくで『個人』を析出させたルソー＝ジャコバン型モデルの意義を、そのもたらす痛みとともに追体験することの方が、重要なのではないだろうか」（六八頁）、と。樋口が強調しているのは、デュルケムのなかにも確認できる〈中間集団の存続の問題性〉なのである。こうした認識の根底には、日本社会における、かつての「家」、あるいは現在の「会社主義」の問題の大きさが重視されているといえよう（七四頁）。中間集団の個別的な権力が国家という普遍的な権力によって解体されるという歴史過程をくぐってこなかったところに問題の根源がある、という理解である。

法哲学者の井上達夫も同様の立場である。

井上の議論の基礎にあるのは、共同体の領国／権利の領国の対比である（井上 二〇〇一 一四六頁）。そして、日本村、自粛現象、会社主義、過労死などを例にあげながら、「日本社会で個人権が十分尊重されないのは、国家権力が強すぎるからというより、むしろ、中間的共同体の非公式的統制力が強すぎるからであり、国家がかかる共同体的統制を抑制するだけの強い権力をもたない（ないし行使しない）からである」（一六三頁）と主張している。日本社会は「共同体の領国」ととらえられているのである。この文脈で、井上は、樋口の議論を高く評価する。樋口が評価されるのは、もちろん、「国家による自由」の重要性を強調したという点である（二六九頁）。井上も、樋口と同様、〈中間集団の存続の問題性〉を指摘しているのである[3]。

ただし、樋口と井上のあいだには力点に違いがあるように思われる。井上は「現代日本においては人間の共同性が個人主義の過剰によってではなく、ある種の共同体への個人の過剰な統合によって貧困化されている」（一六七頁）としている。おそらくこの点では、両者に違いはなかろう。違いがみられるのは、中間集団の評価についてである。井上は、「人間的共同性の複合性」「人間の共同生活の多様な平面・領域への複合的参加」を主張し（一六七頁）、他者との共生の冒険としての「会話」の重要性を主張する（二四〇頁　cf. 井上一九八六）。この点で中間集団の意義が認められているのである。これにたいして、樋口においては、中間集団は現状では意義よりも問題の方が大きいものとされている。このように、現代における中間集団の積極的な意義についても言及しているところが、井上の樋口とは異なるところである。とはいえ、これは大きな違いではない。井上においても、中間集団の現状は問題性の方がはるかに大きいものとされているからである。

いずれにしても、樋口と井上において強調されているのは、デュルケムの二つの側面のうち〈中間集団の存続の問題性〉の方である。デュルケム的な〈中間集団の不在の問題性〉については論じられていないといえよう。ただし、このことが彼らの限界であるなどという主張をしたいわけではけっしてない。〈中間集団の存続の問題性〉と〈中間集団の不在の問題性〉という問題の立て方をすれば、日本社会の問題性として指摘されるのは、後者よりも前者であるのは当然なのかもしれない。

3—⑵ 作田啓一の場合

社会学者作田啓一の日本社会論もこの文脈でとらえることができる。作田の個人主義論は、デュルケム国家論にごく早い時期に注目しつつ、個人主義は国家と中間集団の闘争のなかから生まれたことを強調している。また、作田の「恥の文化」再考論も〈中間集団の存続の問題性〉の文脈での議論である。そこでは、中間集団の自立性の弱さという、日本の社会構造の特質が指摘されているのである。

まず、作田の個人主義論についてみていこう。作田には、次のような指摘がみられる。「近代化の歴史とは、この中世的な集団生活の足かせから、個人と国家の両方がみずからをしだいに解き放してゆく過程」である（作田 一九八一 八一頁）、と。個人の解放と国家の解放は同時的なのである。どこから解放されたかというと、それは中間集団からである。「近代政治史において生じた真の闘争は〔中略〕国家と中間集団のあいだで行われてきました。近代政治史とは、さまざまの特権をもった中間集団を国家が打ち砕く過程でした」（九〇頁）。このように、作田の個人主義論の基礎にあるのは中間集団論である。そして、依拠されているのはデュルケムである。――「デュルケームやニスベットが、常識に反して定式化したように、個人主義は国家と中間集団との闘争の中から生れてきました。〔中略〕ナショナリズムと個人主義が提携して、真ん中の共同態主義を挟み撃ちにしてゆく過程が、近代化の重要な一側面であった」（九三頁）。ナショナリズム（ここでは、先に指摘した政治力の集中の側面を指している）と個人主義とは同時的であるという論点は、まさしくデュルケムのものであった。

作田の個人主義論は〈中間集団の存続の問題性〉の指摘にほかならない。これに関連してデュルケムに言及していたのである。むしろ、作田はデュルケムの議論から出発しているといった方が正確かもしれない。しかも、きわめて早い時期にデュルケム国家論の意義について指摘していたのである。作田は、デュルケムが「個人の解放者としての役割を国家に帰した」（三八頁）と指摘している。そして、この文脈で、日本社会についても言及されている。「国家と中間集団の関係は、個人をめぐって対立的なものとしてとらえられており、天皇制国家観の場合のように相互補強的ではない」（三九頁）、と。このように、作田においても、日本の社会の問題は〈中間集団の存続の問題性〉であるととらえられているのである。

作田の「恥の文化」再考論も、こうした文脈でとらえられる。

作田によれば、ベネディクトは公恥しかみていない。彼女が取りあげているのは「公開の場の嘲りにたいする反応」である「公恥」のみである。これとは別に羞恥や私恥がある、というのが作田の指摘するところである。「われわれが他人の称賛の的となっている場合、その他人の注視（現実の、あるいは想像上の）にたいしてしばしば経験するいたたまらない感じ」も恥の反応ではないか（作田一九六七 一〇頁）、というのである。

公恥とは区別される私恥を支える社会構造の特質について、作田は集団の自立性の弱さを強調する。ここで、恥の文化再考論が中間集団論と切り結んでくる。

作田によれば、「とくに幕藩体制以後の日本の社会では、社会と個人との中間に位置する集団の自立性が弱いということ」（一三頁）が特徴である。そして、「これらの中間集団は、外がわの社会からその成員を防衛するという集団一般にそなわった機能を十分に果たしていたとはいえない」（一三頁）。「日本の中間集団は、とくに徳川集権制の成立いらい、中央＝社会からの透視を拒むことができなかった」（一四頁）のである。ここから、次のような興味深い論点が出てくる。日本の近代文学の定説では、「近代的自我の成長はつねに〈家〉にたいする抵抗の過程において行なわれてきた」（一五頁）とされているが、近代化＝西欧化という常識からすると、これは奇妙な命題ということになる。というのも、「西欧の近代資本主義形成のにない手となったブルジョワの家族は、近代的自我のポジティヴな養成機関であった」からである。日本の場合、「精確にいえば、自我が反逆したのは家族にたいしてではない。家族をとおして浸透してくる外社会の世論や権力にたいしてである」（一七頁）。中間集団は自立しておらず、国家と中間集団は相互補強的だという、先ほど作田の個人主義論をみるなかで確認した論点が指摘されているのである。中間集団の自立性の弱さから、「集団成員はさまざまの状況において、集団の内からの視線と外からの視線とに、しばしば同時にさらされる」（一八頁）ことになる。「その社会構造こそ恥の文化の発生基盤」であるというのが、作田の恥の文化再考論の基礎にあるものにほかならない。「集団内部でパーソナルな人間関係を取り結ぶ時、彼は外からの眼を意識することによって恥じる。〔中略〕他方、集団成員が外社会と多少とも抽象的な原理にそくして関係を取り結ぶ時、彼は内からの眼を意識することによって恥じる」（一八―一九頁）。いずれの場合も「状況の定義のくい違い」がもたらされるのである（一九頁）。

作田は、恥の文化再考論の狙いの一つについて、「自律的な中間集団によって構成される多元的市民社会が成熟しないうちに、中央志向性の強い民俗社会がそのまま大衆社会化してきたという視点に立って、恥の文化の古くて新しい性格を問題にし」（二〇頁）ようとしたと述べている。この限りでは、作田が指摘しているのは〈中間集団の不在の問題性〉と〈中間集団の存続の問題性〉の両方であるということができるかもしれない。とはいえ、力点は圧倒的に〈中間集団の存続の問題性〉の方にある。作田の個人主義論と恥の文化再考論を支えているのは中間集団論であるが、デュルケム的な意味での〈中間集団の不在の問題性〉については、この二つの議論のなかでは焦点となっていない。

ちなみに、社会学史でいうと、コーンハウザーの大衆社会論はデュルケムの中間集団論を受け継いでいる。コーンハウザーは、個人の自由をうみ出すのは国家と第二次集団との結びつき（combination）であるというデュルケムの議論を詳しく紹介している（Kornhauser pp.78―79: 九二―九四頁）。そのうえで、コーンハウザーの力点は、デュルケムが国家と個人を媒介する第二次集団の欠如をフランスの災いだととらえていたことにある（p.88: 一〇四―一〇五頁）。このように、コーンハウザーの強調点は〈中間集団の不在の問題性〉にある。そして、大衆社会＝中間集団無力説がでてくる。作田は、この点を、大衆社会の特徴は、「個人と国家〔中略〕とのあいだにある中間集団が無力となったために、ばらばらになった個人が中央の権力によって一元的に操作されるところに」あるとしている（作田 一九七二 二三六頁）。この議論は、〈中間集団の不在の問題性〉にほかならない。この論点には、アメリカの事情が関わっているといえるだろう。樋口の議論を踏まえていえば、「新大陸では、端的にいえば『始めに個人ありき』であった」からである（樋口 一九九四 六四頁）。したがって、コーンハウザーにおいては、〈中間集団の存続の問題性〉は端から問題になっていないのである。逆に言えば、日本社会論として焦点があてられるのは、三人の論者でみたように、〈中間集団の存続の問題性〉の方であった。

4　デュルケムの民主政論と現代社会

4—⑴　デュルケムの民主政論

ここまで、デュルケムの「国家—中間集団—個人」というプロブレマティークの重要性を、いくつかの有力な日本社会論と絡めながらみてきた。デュルケムは、このプロブレマティークとの関連で民主政論も展開している。次に取りあげるのはこの問題である。

デュルケムの民主政論は、民主政を統治者の数によって定義することはできないとし、統治機関がそれ以外の国民とコミュニケーションをおこなう様式という観点から定義しようとするものであった。そして、その観点から、個人と国家の間に介在すべき二次的な枠組みの欠如が今日の政治的病態として指摘されている。デュルケムのこの議論は現代日本社会論といかに切り結ぶか、というのがここでの問いとなる。

デュルケムの国家の定義が「社会的思惟の機関」であることは、今やよく知られているだろう(Durkheim 1950 p.85: 八五頁、p.113: 一一六頁)。これは、物理的強制力の独占といった観点からの定義とは、だいぶ性質を異にしている。この前提となっているのは、組織され、集中化されている意識/拡散している意識という対比(p.113: 一一六頁)、熟考や反省/自然発生的、自動的、無反省的な意識という対比(p.113: 一一七頁)、また政府の意識/社会の拡散した集合意識という対比(p.114: 一一八頁)

である。社会的思惟の機関としての国家は、社会の拡散した集合意識を練りあげる、反省的な意識の機関なのである。

この国家の定義を踏まえて、民主政の定義がなされる（p.122: 一二六頁）。そこでは、統治者の数を重視したり、国家権力の弱い社会のことだととらえたりする、民主政についての通俗的な考え方を拒否しつつ、1）政府の意識がより拡大されていること、2）この組織と個人の意識すべてとの間により緊密なコミュニケーションが存在すること、という二つの指標で定義がなされる。そして、次のように指摘される。「以上の観点からすれば、民主政とは、社会がもっとも純粋な自己意識に到達するための政治形態としてあらわれる。公的な問題の処理において討議、反省、批判精神が大きな役割を果していればいるほど、その国民はそれだけ民主的である。反対に、無意識、それと意識されていない習慣、曖昧な感情、要するに検討に付されることのない偏見がそこで優位していればいるほど、非民主的な国民である」（p.123: 一二七頁）、と。

デュルケム民主政論は、「政府は一般意志の代表者にすぎないとする観念」への批判であり（p.127: 一三二頁）、その代表者としてルソーが念頭におかれている。なぜ「政府は一般意志の代表者にすぎないとする観念」がうみ出されるかといえば、デュルケムによれば、社会構造が関係している。すなわち、「国家と諸個人全体が直接に関係しあっていて、いかなる媒介物も両者の間に介在していない」（p.128: 一三三頁）からにほかならい。こうして、今日の政治的病態は社会的病態と同じく、「個人と国家の間に介在すべき二次的な枠組みの欠如」（p.129：一三四頁）に求められるのである。民主政論は、まさに「国家—中間集団—個人」というプロブレマティークのなかでとらえられているのである。

4—(2) ポピュリズムをめぐって

ここで、このプロブレマティークの重要性を検討する一環として、デュルケムの民主政論が現代社会論を整理する枠組みとしていかなる働きをするのかを考えてみたい。比較の材料とするのは東浩紀の「一般意志2・0」論である。東の議論をわれわれの文脈におくとどうみえてくるか、と問うてみるのである。東は「あらゆる熟議を人民の無意識に曝すべし」としているので、これを、統治機関と国民とのコミュニケーションを基軸とするデュルケムの議論と比較してみることは十分可能であろう。ここでとりわけ問題になるのは、現代社会におけるポピュリズムをどうみるかである。ポピュリズムへと向かう現状を不可避のものとしてとらえたうえで制度設計しようとした東の主張は、デュルケムが指摘する〈中間集団の不在の問題性〉との関連、そして〈中間集団の不在の問題性〉がますます顕著になってきていると思われる現代社会の動きとの関連で、どう位置づけることができるだろうか。

東は「一般意志2・0」論を、「いままでの自覚とは異なった自覚の回路が現れているので、それを政治的に利用することを考えようと提案」するものであると位置づけている（東一四一頁）。ここには、古典的な「熟議」、すなわちコミュニケーションを経て形成される公共的理性／総記録社会が吐き出す欲望と行為のデータベースという対比があり、東は前者を「一般意志1・0」と呼び、後者を「一般意志2・0」と呼ぶ。そして、後者を自身の立場だとするのである。東によれば、「一般意志」は集合的無意識であり、情報技術こそはその集合的な無意識を可視化する技術である（二六九頁）。東は次のように述べている。「二一世紀の国家は、熟議の限界をデータベースの拡大により補い、データベースの専制を熟議の論理により抑え込む国家となるべきではないか」（一四三頁）、と。それは「無意識民主主義」（一九三頁）である。そして、「あらゆる熟議を人民の無意識に曝すべし」（一八二頁）と呼びかけられるのである。こうした東の立場には〈熟議からの解放欲求と、無意識の開放欲求〉がみられるという空井護の指摘（空井 四二頁）は、東のスタンスをよくとらえているといえよう。

さて、この東の主張はポピュリズムにどのように対処しているのだろうか。

東は、自らの立場は大衆の欲望の単なる肯定ではないという。「無意識への従属ではなく、むしろ無意識との対決」なのである（東一八三頁）、と。「もしかりに以上の提案がポピュリズムの強化のように見えたとしても、その流れはもはや押しとどめられない、ならば最初から制度化し政策決定に組み込んだほうがよいのではないか」（一八三頁）。先に、ポピュリズムへと向かう現状を不可避のものとしてとらえたうえで制度設計していると述べた所以である。東には、「選良たちによる密室の熟議などというものは、もはや成立しないのである。というよりも、そのような熟議のありかたそのものが悪だと見なされるように、〔中略〕人々の価値観が変わっている」（一八四頁）という判断がある。まさに〈熟議からの解放欲求〉にほかならない。

この東の議論を、「国家―中間集団―個人」というプロブレマティークをもとにして民主政論を構想しているデュルケムと比較してみるとどうなるか。いうまでもなく、東の議論には中間集団は不在である。中間集団の意義など認められていない。しかし、これでは、〈中間集団の不在の問題性〉を悪化させるだけではないだろうか。

竹内洋の、大衆社会としての現代社会論を手掛かりとしてみよう。竹内によれば、現代は「超大衆」=「想像された大衆」が空気となって支配する「大衆御神輿ゲーム社会」である。「大衆圧力は大衆からの圧力というより、非大衆とみなされる指導者が率先してそうした圧力増幅に加担することで、自励作用をおこしている」（竹内 二三頁）。こうした社会では、政治家は理念の実現の手段として大衆に媚びる（有権者に口あたりのよい政策をないまぜにする）のではなく、大衆にウケることが先でそれが事後的に理念となっている（四八―四九頁）。その意味で「超ポピュリズム」と名づけられる。今や、「想像された大衆つまり超大衆を御神体に担ぐゲームに参加することで、今度は大衆を引き回すどころか、（想像された）大衆に、とことん引きずり回されていく」（二四―二五頁）。かつては知識人が大衆を引き回したが、今や様相はすっかり変わっているというのである。

このようにみていけば、〈中間集団の不在の問題性〉がますます顕著になってきているのが現代社会ということになるのではないだろうか。「個人と国家の間に介在すべき二次的な枠組みの欠如」という社会的病態の政治的なあらわれこそがポピュリズムにほかならない。

5 現代社会における中間集団の復権の可能性

では、現代社会における中間集団の復権の可能性、言い換えればデュルケムの方向の可能性については、どのようにとらえられるだろうか。この問いについて、〈中間集団の不在の問題性〉への対抗という文脈で考えておきたい。この点については、篠原一の紹介しているミニ・パブリックス（討議型世論調査、コンセンサス会議、計画細胞会議、市民陪審など）に注目することができるのではないか。この議論を、〈中間集団の不在の問題性〉の文脈での中間集団・自発的結社の重要性の指摘として、選良による熟議ではなく〝在家仏教〟の伝統をいかす丸山的結社論の可能性として、とらえることができるのではないか。

篠原は、東とは異なり、熟議の現代的可能性を模索しようとしている。篠原の期待するミニ・パブリックスは、次のように説明されている。「ランダム・サンプリングによって社会の縮図をつくり、さらにそこから選ばれた少数の人びとが、三、四日生活を共にし、拘束のない自由な雰囲気のもとで、自由に発言し、討議する。その結果、提言を含む報告書がつくられたり、意見分布の調査書が発表されたり、さらには、討議の結論が住民投票にかけられたりして、政治の世界に還元される」（篠原二〇一二 二四二―四三頁）、と。これは、「政治と市民社会の間の循環の確保と、ふつうの市民の間の『討議』とそれによる熟慮された意見の形成」のための方法として構想されたものである（二四二頁）。ここでは、普通の市民が念頭におかれている。討議デモクラシーの担い手としての市民は、R・A・ダールの用語を用いて、「それなりの市民（adequate citizen）」、「それなりに良い市民（good enough citizen）」「機会ごとの（オケージョナル）、断続的な、さらにパートタイム的市民」と呼ばれている（篠原二〇〇四 一九七―九八頁）。このように、篠原の構想する討議デモクラシーは、「強い意見や発言力をもつ、いわば一部の能動的市民」ではなく「ふつうの市民の声に広く耳を傾ける」ものである（二四三頁）。

篠原が、ミニ・パブリックスという回路によって構想する討議デモクラシーの意義は、選良による熟議ではなく、〝在家仏教〟の伝統をいかすものである。これは、前章でも触れた、丸山のいう「非政治的領域から発する政治的発言という近代市民の日常的なモラル」の育成を目指したものといえるだろう。このようにみてくると、篠原の構想は、現代社会にもみられる〈中間集団の不在の問題性〉という文脈のなかで、それに対抗すべく、中間集団・自発的結社の現代的意義を指摘しているものととらえることができよう。このことは、現代社会を論ずるにあたってデュルケムの「国家―中間集団―個人」プロブレマティークが意義を有していることを確認することにもなる。

6 結びにかえて

本章で考えようとしたのは、デュルケムのツールが現代社会を分析するのにいかに有効かということではない。したがって、デュルケムの「国家―中間集団―個人」という問題の立て方などグローバル化の進展した現代社会ではもう賞味期限を過ぎているなどという、今では紋切り型となっている反応は無用である。われわれは、デュルケムの「国家―中間集団―個人」という問題設定が、さまざまな言説の位置のいわば測定原器として意義があることを示したいだけである。

さて、本章の議論を踏まえていえることは、古典として生き残るための条件は問題を立てることの巧みさなのではないかということである。であるならば、古典の現代的意義もその問題設定のポテンシャルに求められるだろう。われわれが注目するのは、そのポテンシャルのもつ発見的機能である。

かつて私は、「その創設者のことを忘れかねている科学は、もう駄目である」と述べたホワイトヘッドに対抗して、少なくとも社会科学の場合、「その創設者のことを忘れてしまった科学は、もう駄目である」、と書いたことがある（中島二〇〇一　一二七―二八頁）。このフレーズを教えてくれたのは、先に紹介したスロベニア社会研究者によるデュルケム論であった。繰り返し吟味すべきフレーズだと思う。彼は、デュルケムに拠りつつ、中間集団さえあれば市民社会なのではなく、市民社会であるためには同時に強い国家が必要であることを主張した。〈中間集団の不在の問題性〉に目を向けるだけでは十分ではないのである。デュルケムは〈中間集団の存続の問題性〉についても同時に目を向けていた。かの論者はスロベニア社会を分析するにあたって、デュルケムのこの論点を忘れなかったのである。

古典は、掘りつくせない豊かな鉱脈をもっているからこそ古典である。その古典に対して、自分が囚われている通俗的なイメージで向かいあうのは、古典の読み方としてふさわしくない。そのイメージに合うものだけをピックアップするのは、古典をただ情報として読んでいるだけだ。古典は、むしろ、そうした慣れ親しんでいる既存のイメージを揺さぶるものである。古典は古典として読む必要がある[4]。

註

1　正しくは「個人対国家」であると思われる。

2　ちなみに、樋口のこの主張は、「四つの八九年」というテーマのもとで論じられており、一六八九年の権利章典、一七八九年の人権宣言、一九八九年の東欧革命が念頭におかれている。

3 井上は、グローバルジャスティスについてもこの視座から論じている。井上によれば、現在、「主権国家の終焉」論に代表される、主権と人権を対立的にとらえる見方が非常に強くなっているという。人権と主権を二項対立的にとらえ、人権のグローバル化のためには国家主権が邪魔だという主張である。これに対して井上は、個人の基本的な人権を擁護するためには中間諸集団よりも強力な権力が必要だから主権国家ができたという、本章でもおこなっている議論を踏まえ、主権と人権は対立するのではなく、「人権は主権の正統化根拠」であり、人権による主権の制約は主権そのものに内在する制約だとする。そして、国際金融資本や国際的NGOなどとは違って、国家は逃げも隠れもできないから、答責性という点でも重要なアクターであり、いま、グローバルジャスティスのなかで、主権国家秩序の脱構築ではなく、再構築が必要だと主張しているのである（井上 二〇一五 一六七―七四頁）。

4 情報として読む／古典として読むという区別は、内田義彦に倣っている（内田 一九八五）。

【文献】

Allcock, J. B., 1995, "'Civil Society' in Slovenia: A Durkheimian Critique', in Thompson, K. ed., *Durkheim, Europe and Democracy*, British Centre for Durkheimien Studies

東 浩紀 二〇一一『一般意志2・0――ルソー、フロイト、グーグル』講談社

Durkheim, E., 1893, *De la division du travail social*, 10e éd., PUF, 1978:『社会分業論』（田原音和訳）青木書店、一九七一年

―――1899［書評］《Une révision de l'idée socialiste》, dans Durkheim, E., *Textes* 3, Minuit, 1975

―――1950 *Leçons de sociologie*, 2e éd., PUF, 1969:『社会学講義』（宮島喬・川喜多喬訳）みすず書房、一九七四年

樋口陽一 一九九四『近代国民国家の憲法構造』東京大学出版会
―――― 一九九九『憲法と国家――同時代を問う』岩波新書
井上達夫 一九八六『共生の作法――会話としての正義』創文社
―――― 二〇〇一『現代の貧困』岩波書店
―――― 二〇一五『リベラルのことは嫌いでも、リベラリズムは嫌いにならないでください――井上達夫の法哲学入門』毎日新聞社
Kornhauser, W., 1959, *The Politics of Mass Society*, Routledge and Kegan Paul, 1960:『大衆社会の政治』（辻村明訳）東京創元社、一九六一年
中島道男 一九九七『デュルケムの〈制度〉理論』恒星社厚生閣
―――― 二〇〇一『エミール・デュルケム――社会の道徳的再建と社会学』東信堂
―――― 二〇〇九『バウマン社会理論の射程――ポストモダニティと倫理』青弓社
―――― 二〇一五『ハンナ・アレント――共通世界と他者』東信堂
作田啓一 一九六七『恥の文化再考』筑摩書房
―――― 一九七二『価値の社会学』岩波書店
―――― 一九八一『個人主義の運命』岩波新書
篠原　一 二〇〇四『市民の政治学――討議デモクラシーとは何か』岩波新書
――――編 二〇一二『討議デモクラシーの挑戦――ミニ・パブリックスが拓く新しい政治』岩波書店
空井　護 二〇一二「現代民主政1・5」『アステイオン』七七
竹内　洋 二〇一四『大衆の幻像』中央公論新社
内田義彦 一九八五『読書と社会科学』岩波新書

第五章　自発的結社論

1　はじめに

丸山眞男についてもデュルケムの「国家―中間集団―個人」という問題設定からとらえることができるように思われる。そして、丸山こそ〈中間集団の存続の問題性〉と〈中間集団の不在の問題性〉の両側面をとらえつつ日本社会を分析した人といえるのではないだろうか。次に考えようとするのは、こうしたことである。

丸山の主張を、これまでの各章でみてきたことを踏まえて、(i)人格的主体[1]の確立、(ii)人格的主体によって形成される結社の重要性、の二点で押さえるとすれば、丸山の日本社会分析は、(i)については〈中間集団の存続の問題性〉を、(ii)については〈中間集団の不在の問題性〉を指摘したもの、と言うことができよう。丸山は、〈中間集団の存続の問題性〉と〈中間集団の不在の問題性〉を日本社会分析の軸にしているのである。こうして、丸山の日本社会論は、「国家―中間集団(結社)―個人」のプロブレマティークと切り結んでくる。

丸山をとらえるための見取り図として取りあげた(i)人格的主体の確立というのは、新たな規範意識、他者感覚等々のテーマに関わるものである。前章と本章の問題意識に即していえば、これは国家と個人との関係をどうみるかという点に関係しているだろう。(ii)人格的主体によって形成される結社というのは、もちろん、個人と中間集団(結社)との関係をどうみるかという点に関係してくる。社会の構造という観点からは、以上が丸山をとらえるための基軸になるというのが、本章のスタンスである。これに加えて、第三章でみてきたように、(iii)これらを分析する際の分析者のスタンスをめぐる知識人論・認識論が丸山のなかでは重要になってくると思われるが、「国家―中間集団―個人」ということに直接関係しないので、ここでは割愛する。

2 〈中間集団の存続の問題性〉と人格的主体の確立

丸山は人格的主体の確立についてどのような議論をしているのだろうか。

まず押さえるべきは、「近代国民国家に先行する絶対主義の歴史的役割は、封建制の多元的権力を中央に一元化し、政治的正統性を最高の君主が独占することによって、いわゆる仲介勢力(pouvoirs intermédiaires）を解消し、唯一の国法の支配に服する同質的＝平均的な国民を作りだすことにある」（「国民主義の「前期的」形成」（一九四四）集②二五〇頁）という論点である。問題の根は「仲介勢力の自立的存在が国家と国民の内面的結合の桎梏をなしている」（二六四頁）ことにあるからである。丸山は、このプロセスを、政治的拡大と政治的集中の両契機によってとらえている。徳川封建制下ではこのプロセスがうまく機能しなかったのである。「前期的国民主義思想に於ける『拡大』契機のこうした脆弱性は封建的『中間勢力』の強靭な存続を許すことによって、また却ってその『集中』契機をも不徹底ならしめた」からである（二六六頁）。国家の解放と個人の解放は同じ事態の二つの側面であるが、中間集団の存続によって二つとも徹底できなかったという指摘にほかならない。

「前期的」という形容詞を冠する必要のない、国民主義の本格化が期待された明治時代以降においても、「自主的特権に依拠する封建的＝身分的中間勢力の抵抗の脆さ」（「日本の思想」（一九五七）集⑦二二七頁）ゆえに、社会的平準化は「村落共同体の前にたちどま」ったままであった（二二七頁）。「部落共同体は、その内部で個人の析出を許さず、決断主体の明確化や利害の露わな対決を回避する情緒的直接的＝結合態である点、また『固有信仰』の伝統の発源地である点、権力（とくに入会や水利の統制を通じてあらわれる）と恩情（親方子方関係）の即自的統一である点で、伝統的人間関係の『模範』であり、『國體』の最終の『細胞』をなして来た」のである（二二七―二八頁）。

このように、丸山においても、中間諸集団の個別的な権力が国家によって解体させられることなく中間集団が存続していることが、日本社会における人格的主体の析出が可能になっていないことの原因としてとらえられているのである。これは、〈中間集団の存続の問題性〉の指摘にほかならない。この、政治的集中あるいは絶対主義の位置づけをめぐる丸山のスタンスは、たいへん興味深い。丸山は次のように述べている。――「政治的集中という契機は、マルクス主義の立場からは、絶対主義という捉え方だからマイナス・シンボルなのですね。当時のマルクス主義からは、国民的統一と独立が必須の課題であるということは出てこない。人民主権と民主主義運動がどれだけ発達したかという指標でだけ見て、統一国家の形成の方は絶対主義が成立してくるという過程としてネガティヴに捉えるわけです。ぼくはそれとは違っていた。〔中略〕マルクス主義には、ナショナル・レボリューションという範疇がないのですね」（回顧（下）一六九頁）。このように、丸山の主張にはマルクス主義との対抗という意味合いがあるのである。

3 〈中間集団の不在の問題性〉と結社の重要性

丸山の次のような主張をみてみよう。

近代国家の主権観念が封建的身分・ギルド・自治都市・地方団体など「中間勢力」の自主性と自律性を剥奪することなしには成立しえない〔中略〕。けれどもそうした中間勢力の自主性――それはもともと日本の場合弱かったけれども――の伝統は、近代日本においてなぜ自発的集団のなかに新しく生かされなかったのか、さらに日本ではなぜ絶対主義的集中が国家と社会の区別を明確に定着させる――それがまさに絶対主義の重要な思想的役割であるのに――かわりに、かえって国家を社会に、逆に社会を国家に陥没させる方向に進んだのか、そこに含まれた意味を問うということになると、はじめて問題はたんなる歴史的「過去」の叙述をこえて、社会学的にもまた思考のパターンとしても、まさに現代につながるテーマとなる。（「忠誠と反逆」（一九六〇）集⑧二七五―七六頁）

この主張の前半部では2で確認した論点が繰り返されているが、その次に出てくる「中間勢力の自主性」が「近代日本においてなぜ自発的集団のなかに新しく生かされなかったのか」という論点は、〈中間集団の存続の問題性〉ではなく〈中間集団の不在の問題性〉についての指摘である。なお、またその次に述べられている、社会と国家とが、丸山の好きな言葉を使えば、ズルズルべったりにつながってしまっているのはなぜかという問題は、〈中間集団の存続の問題性〉の論点につながるものであろう。すなわち、中間集団が国家によってきちんと解体させられることなく、中間集団と国家とが相互補強的であったから、ということであろう。

ここで取りあげたいのは〈中間集団の不在の問題性〉の論点である。

キリスト教と抵抗権思想の関連をめぐってヨーロッパと日本を比較しながら、丸山は、「日本の近代キリスト教において、自由民権運動程度の漠然たる抵抗権思想さえも姿を消していることは、やはり大きな問題といわねばならない」として、次のように続けている。「たとえばカルヴィンCalvin においては信仰の自由にたいする権力の侵害はほかならぬ神の主権への反逆であり、これに対する抵抗権の行使はまさに侵害された神の主権への恢復として信徒の神聖な義務とされる。信仰の自由をおかす君主は『虫けら、蛆虫などと同等に扱うにも値しない。なぜなら蚤でさえも神の創造物であるのに対して、神の代理人として神から任命されながらも上帝を侮辱するものは一個の無頼漢にすぎないからである』、と。ところが、わが国の場合、カルヴィニズムに近い内村鑑三でさえ、こうした考えからは、思想構造の上で遠くへだたっているのはなぜか。これについて、丸山は次のように述べている。内村鑑三や柏木義円による「忠君愛国」的な忠誠に対する批判も、「ついに明確な抵抗権という基礎の上に築かれることがなかった」のは、宗教的伝統の相違などの条件が作用していたからであろうが、「しかし同時に、日本帝国の頂点から下降する近代化が異常なテンポと規模で伝統的な階層や地方的集団の自立性を解体して底辺の共同体に直接リンクしたこと、その結果、中間層にとって公的および私的な（たとえば企業体の）官僚制的編成のなかに系列化される牽引力の方が、『社会』を代表して権力に対する距離を保持し続ける力より、はるかに上廻ったこと――こうした巨大な社会的背景を度外視しては右の問題は考えられないように思われる」（二四〇―四一頁）、と。

『社会』を代表して権力に対する距離を保持し続ける力」の基礎になるはずの「地方的集団の自立性」は解体されてしまい、「官僚的編成のなかに系列化される牽引力」となる「底辺の共同体」は残っているというこの事態は、〈中間集団の存続の問題性〉と〈中間集団の不在の問題性〉が関連しあってまさに問題を増幅していることを指摘しているものとみることができよう。この辺の事情は、さまざまなところで語られている。ある座談会では、「日本は自主性のない中間層が大量に生産された」と述べ、その理由として、半官半民的な擬似自主的な団体である報徳会、青年団、在郷軍人会などの存在と忠孝一致に基づく家族国家観という神話の存在をあげている（「丸山眞男氏との一時間」（一九六〇）座談④三二一―三二三頁）。

この点で丸山が明六社に注目していることは、周知のところであろう。丸山は次のように述べている。「明六社のような非政治的な目的をもった自主的結社が、まさにその立地から政治を含めた時代の重要な課題に対して、不断に批判して行く伝統が根付くところに、はじめて政治主義か文化主義かといった二者択一の思考習慣が打破され、非政治的領域から発する政治的発言という近代市民の日常的なモラルが育って行くことが期待される」（「開国」（一九五九）集⑧八三頁）、と。自発的結社の重要性の指摘にほかならない。なぜ非政治的な結社が重要であるのだろうか。丸山は以下のように考えている。――「政治団体が自主的集団を代表するところでは、国家と独立した社会の十全な発達は期待できない。むしろ本来的に闘争集団であり権威性と凝集性を欠くことのできない政治団体にたいして、開いた社会への垂範的な役割を託するということ自体に内在的な無理があるというべきであろう」（八四頁）。ここにみられるのは、国家とは区別される社会の重要性の指摘、「政治と異なった次元（宗教・学問・芸術・教育等々）に立って組織される自主的結社の伝統」（八四頁）の重要性の指摘である。この「非職業政治家の政治活動」（「現代における態度決定」（一九六〇）集⑧三一四頁）に丸山が期待を寄せるのは、「私たちの思想的伝統には『在家仏教』という立派な考え方（三一四頁）があるからでもある。「本来政治を職業としない、また政治を目的としない人間の政治活動によってこそデモクラシーはつねに生き生きとした生命を与えられる」のである（三一五頁）。

自由権や抵抗権という考え方についても、この自主的集団との関連でとらえられている。政治集団は本来闘争団体であり小型の国家であり、「いったん緩急あれば大型の国家に吸収されやすい」として、自由権や抵抗権という考え方は、「政治的集団と全く独立な自主的集団というものの考え方が根づかないと成長しない」。そもそも、自由権の歴史は発生的にも信仰の自由から始まっている、と（「丸山眞男氏との一時間」座談④三一一頁）。強烈な個性というものは、「個人のさとりで確立するんじゃなくて、歴史的にも集団や結社を通じて確立してゆく」ものである。ここでいわれている集団や結社とは、国家や階級といった「広大漠然としたもの」ではなく、「具体的なセクトやアソシエーション」のことである（三九頁）。

自発的結社の存在の重要性については、まだ他の観点からも指摘できる。〈中間集団の存続の問題性〉という文脈にまで立ち返って考えてみよう。丸山は次のように述べている。

> 中世自然法――そこでは自然が超自然に従属し、自然秩序の各部分がそれぞれ恩寵の光被をうけて有機的な階層秩序を構成する――によって弁証されていた教会・貴族・ギルドなどの封建的身分の自主的特権を解体して、これを統一的な主権に平等に服する国家構成員たらしめた絶対君主の歴史的事業は、一方、権力のロゴスの自覚（国家理性の問題）となり、他方、厖大な人間的エネルギーを教会的自然法の拘束から解き放った。この両契機を発条とする逞しい国家秩序の合理的組織化は、絶対君主制の歴史的制約から来る不徹底をふくみながらも、ともかく近代国家形成の基礎をきずいたのである。（「日本の思想」集⑦二二五頁）

この〈中間集団の存続の問題性〉を突破する際の重要なこととして、丸山はトレルチを引きながら、次のように述べている。「『教会との闘争で、自己の世俗的権力についての鋭く明確な意識を学んだ国家であるが、それと同時に生の充溢を支配しえず、またすべきでないという感覚をもっていた』という点である」（二二五頁）、と。そして、「フィクションとしての制度の自覚は、同時にフィクションと生の現実との間の鋭い分離と緊張の自覚でもあったのである」（二二五—二二六頁）としている。普遍的な権力としての国家は、フィクションとしての制度の自覚を有していなければならないということ、またそのことは同時に、フィクションと生の現実の間には鋭い緊張があることをたえず自覚していなければならないということである。フィクションであるということはそういうことだ。

このことは、フィクションとしての制度という考えがいかに準備されたかを考えれば、問題なく理解できよう。丸山によれば、近世ヨーロッパにおいては、「唯一絶対の神による世界秩序の計画的創造という思考様式が世俗化されて、自由な責任の主体としての絶対君主による形式的法体系や合理的官僚制さらに統一的貨幣制度の創出への道を内面的に準備した」のである。その「論理的媒介」をなしたのがデカルトである。念頭にあるのは、「精神を物体からきり離し、コギトの原理に立って経験世界の認識主体（悟性）による構成」という彼の考えである（二二五頁）。認識主体による構成ということが前提としてあってはじめて、自由な主体によってつくられる制度という考えがでてくるということである。法的＝政治的制度は「制度をつくる主体」から切り離してとらえてはならないし、「完結したもの」としてとらえてもならない（二二五頁）。——これが、丸山の考えである。こうした考えが維持されているかぎり、制度が主体から分離してしまって独り歩きすることはないはずである。丸山によれば、ヨーロッパ近代の完成にともなって「制度の物神化という『近代の危機』が胚胎する」にも関わらず、ヨーロッパ的思考においては、「絶対的な超越神の伝統」と「市民の自発的な結社＝再結社の精神」によって、「フィクションとしての制度の自覚」＝「フィクションと生の現実との間の緊張の自覚」がまったく失われていない（二二五―二二六頁）。

このように、丸山の自発的結社の議論は、「フィクションとしての制度の自覚」＝「フィクションと生の現実との間の緊張の自覚」と関連していることが大事な点である。自発的結社の伝統こそが、制度と主体のあいだの緊張した関係を維持させているのである。

4 「国家―中間集団―個人」プロブレマティーク

このようにみていくと、丸山は〈中間集団の存続の問題性〉と〈中間集団の不在の問題性〉を、日本社会分析の軸にしているということがわかる。このことは、丸山の思想世界の全体的構造をとらえるのに、「国家―中間集団（結社）―個人」というデュルケムのプロブレマティークが意外にも有効であるということでもある。

丸山のこうした点はこれまで十分注目されてこなかったのではないか。

苅部直によれば、「「日本におけるナショナリズム」（一九五一）を最後に、ナショナリズムの再生という課題を、丸山はほとんど口にしなくな」り、『自発的結社』の意義をさらに強調してゆく」という（苅部　一七四頁）。しかし、ナショナリズムの再生論から自発的結社論へということの位置づけはあたっているのだろうか。

第一章でもみたように、丸山の学部時代のデビュー論文である「政治学における国家の概念」（一九三六）は、基本的に「国家―中間集団―個人」プロブレマティークにもとづいているといえるので、自発的結社の意義についてはは学部時代から気づいているともいえる。そこでは、次のように述べられていた。「個人は国家を媒介としてのみ具体的定立をえつつ、しかも絶えず国家に対して否定的独立を保持するごとき関係に立たねばならぬ」（「政治学における国家の概念」集①三一頁）。であるならば、丸山のナショナリズムは、国民が積極的に自らを国家と同一視するものではけっしてないことも明らかである。また、国の政治を担う気概を持った個人ということへの関心ということであれば、「個人析出のさまざまなパターン」論文（一九六八）でも、「個人が政治的権威の中心に対していだく距離の度合い」を意味する求心性／遠心性という軸が立てられていることにもみられるように、なくなったわけではない。

とはいえ、たしかに論調の変化は存在している。「政治の世界」論文（一九五二）では、『政治化』の時代と非政治的大衆」（「政治の世界」集⑤一八一頁）というパラドックスに注目し、「民間の自主的な組織」、とりわけ職場における組合の重要性を指摘している。これは、「政治化」の進展と「非政治的大衆」の登場とのパラドックス――「現代のように政治権力の及ぶ範囲が横にも縦にも未曽有の規模で拡大し、国民の日常生活が根本的に政治の動向によって左右されるようになった時代において、かえってますます多くの人が政治的な問題に対して積極的関心を失い、政治的態度がますます受動的、無批判的になり、総じて政治的世界からの逃避の傾向が増大しつつあるといういたましいパラドックス」（一八一頁）――の指摘であり、近代後期の大衆社会化状況の問題をとらえようとしたものである。この論文では、「民衆の日常生活のなかで、政治的社会的な問題が討議されるような場」（一八九頁）の必要性が強調されている。――「労働組合こそは現代社会における大衆の原子的解体に抵抗する最も重要な拠点でなければなりません」（一九〇頁）。直接的に国の政治を担うという発想はたしかに背後に退き、大衆社会時代にふさわしい、国家と個人をつなぐ中間集団の意義を強調したものとなっている。とはいえ、国家につなぐという発想はなくなってはいない。まさに、「国家―中間集団―個人」プロブレマティークにほかならない。丸山のこの中間集団論は、丸山が精神（近代的思惟）だけを問題にしていたのではなく、社会（社会構造）をも問題にしていたことを示している。丸山は、精神と社会のしこりをほぐすマッサージ師たらんとしたのである。なお、労働組合へのこの期待は、後に、「まったく予測を誤った」とされている（自由七〇頁）。丸山は、次のように述べている。――「ぼくはね、非政治的自発性が重大だという観点を抱いたとき、組合官僚化と、ある意味での労働貴族化というものが、これほどになるとは夢にも思わなかった。それから、高度成長をぜんぜん予言していない。〔中略〕高度成長後にどうなるかということはまったく……、そもそも高度成長を見越してないんですから、これは最も誤った点です。こんなに豊かになるとは思いもよらなかった」（七一頁）、と。ちなみに、「政治化の時代と非政治的大衆」という論点については、丸山自身も語っているとおり（七一頁）、現実のものとなっていったといえるだろう。

宇野重規の議論もみておこう。

宇野は、丸山のなかに三つの主体像をみている。「国民主体」「自己相対化主体」「結社形成的主体」である。「国民主体」は初期丸山に顕著であるとされ、ナショナリズム論との関連でとらえられる主体のことであり、「個人と国家の内面的媒介」（宇野 五八頁）がキーワードとなる。宇野によれば、ここにみられる、主体の問題とナショナリズムの問題は、「一方において、非政治的な個人主義、他方において帝国主義的膨張論への頽落の可能性を秘めた、個人のアイデンティティと国民のアイデンティティの危うい均衡」（五八頁）である。「自己相対化主体」とは、「価値を固定化せず、具体的状況に応じて流動化しつつも、判断を回避することなく新しい状況形成に対応し」（六〇頁）、「絶えず自らの思考を反省し、相対化し続ける」（六一頁）主体像のことである。この主体にとっては、「国家との結びつきは関係ない」（六〇頁）とされている。また「結社形成的主体」とは「自発的集団と結びつくような主体」（七〇頁）のことである。

宇野によれば、三つの主体は「相異なる三つの社会的基盤」を想定している。「国民主体」の基盤は「各個人が国家を構成する能動的主体となる国民国家」であり、「自己相対化主体」のそれは、「多様な価値や他者との遭遇によって、自らの思考を反省し相対化することを可能にする交通空間」、「結社形成的主体」のそれは「非政治的な精神的価値に立脚し抵抗と自立の精神を培養した自主的結社である（七一頁）。この三つの主体像のうちどれが強調されているかは、丸山の研究段階および研究関心に応じて変化しているが、「いずれの主体像も最後まで、決定的に放棄されることはなかった」と宇野はいう（七一―七二頁）。

私が違和感を覚えるのは「国民主体」のとらえ方である。「自己相対化主体」や「結社形成的主体」とされているものについては、本書でみてきたところからも十分理解可能である。しかし、「国民主体」についていては、「国家―中間集団―個人」プロブレマティークをとおして丸山をみてきたわれわれからすると、どうしても違和感が拭い去れない。宇野は、「結社形成的主体」と「国民主体」とを対比しつつ、次のように述べている。「しかし、このように多分にトクヴィルに引きつけられた福沢像は、丸山のそれ以前の福沢像、すなわち国家を個人の内面的自由と媒介させた思想家としての福沢像と、ずれがあるのではなかろうか。たしかにその場合の媒介とはあくまで否定的・矛盾的媒介であり、政権と私権とを対立させる思考と必ずしも矛盾しない。しかしながら、前者〔「国家を個人の内面的自由と媒介させた思想家としての福沢像」〕の重点があくまで個人と国家の内面的な結合にあるのに対し、後者〔「多分にトクヴィルに引きつけられた福沢像」〕においてはむしろ両者の間の分離に強調点がある。さらにその根底には民主主義の理解の違いがある。前者の民主主義理解が、中間団体の排除によって市民と主権との間に同一性を打ち立てることを目指すという意味で、ルソー的論理に親近性があるのに対し、後者の民主主義理解は、むしろ国家に収斂しない多元的な自発的活動こそを重視するという点でトクヴィル的である。丸山自身が明らかにルソーとトクヴィルとを対比的に捉えているのであり、その上で彼は明示的にルソー的な民主主義を否定している」（六五頁）。

このように、宇野は、「結社形成主体」と「国民主体」とを対比的にとらえ、「民主主義理解」の相違点を強調している。しかし、「国家―中間集団―個人」プロブレマティークを通してみていけば、対比点や相違点を強調する必要はないのではないか――。

すでにみたように、たしかに丸山自身も、「国家と国民の内面的結合」ということを述べていた。これは、私のターミノロジーでいえば、〈中間集団の存続の問題性〉の文脈に関係している。中間諸集団を解体させる普遍的権力としての国家の成立と個人の解放は同時成立するということである。国家が個人を解放するということ、丸山自身のことばでいえば、「唯一の国法の支配に服する同質的＝平均的な国民を作りだす」ということに強調点がある。したがって、個人と国家の同一視というようなニュアンスは強調されていないのではないか。

このことを、丸山のラッセル書評（一九四六）によりながら確認しておこう。丸山は、ここでも、近代国家の成立を、仲介的勢力が「一方、唯一最高の国家主権、他方、自由平等な個人といふ両極に解消される過程」として描き、「この両端がいかに関係し合ふかといふことが、近代政治思想の一貫した課題になつてゐる」としている。その意味で、「近代的な自由意識」は、「無規定的な単なる遠心的・非社会的自由」ではなく「政治的自由」であり、「政治的秩序から逃避する精神」ではなく「秩序に絶えず立ち向おうとする精神」である。そして丸山は、近代的自由は「国家的秩序と内在的なつながりがある」とするのであるのが、これが意味しているのは、近代的自由意識としてのこの「政治的自由」が「秩序に絶えず立ち向おうとする精神」であるということにほかならない（「ラッセル「西洋哲学史」（近世）を読む」集③七二頁）。このようにみてくれば、さきほどの「国家と国民の内面的結合」という論点は、個人と国家の同一視というニュアンスを前面に押し出してとらえられるものではないことが、よくわかるであろう。

また、いったん解体させられた中間集団は、国家と個人の媒介として新たなかたちで再建される必要がある。これは、〈中間集団の不在の問題性〉の文脈で出てくることであった。〈中間集団の存続の問題性〉と〈中間集団の不在の問題性〉は別々の、とはいえ一対の問題としてとらえなければならなかった。それが、「国家―中間集団―個人」プロブレマティークが教えていることである。まさに、「個人は国家を媒介としてのみ具体的定立をえつつ、しかも絶えず国家に対して否定的独立を保持するごとき関係に立たねばならぬ」ということにほかならない。

このようにみていくと、三六年の学生論文のころから、丸山は、課題によって力点は変えつつも、何ら矛盾することのない主体像を提示しているといえるのではないか。もちろん、宇野も、丸山のなかに互いに矛盾しあう諸契機が併存しているということを丸山の非整合性として批判しようとしているのではない。宇野が、「むしろ、丸山の思索の過程の最大の意義は——少なくとも最大の意義の一つは——、主体を単一のイメージに収斂させ、ある特定の社会的基盤とだけ対応させることの不可能性を明らかにした点にこそある、というのが本稿の強調したいポイントである」（宇野七二頁）と述べていることは、指摘しておくべきだろう。

このようにみていけば、丸山の思想の時期区分の問題についても、さほど明確に分ける必要はないのではないか。少なくとも私の丸山論は、時期ごとに異なる丸山像というよりも、各時期を超えて見出される、丸山の思想世界の構造をとらえようとする試みである。

「国家—中間集団（結社）—個人」というデュルケムのプロブレマティークの意義は、このように、丸山解釈を評価する際にも確認できるといえよう。

丸山解釈について、もう一つ取りあげることにしよう。それは、笹倉秀夫の解釈である。[2]

笹倉も、丸山が学部学生時代に書いた緑会論文（一九三六）を重視している。この論文のなかに、「後年の丸山氏の思惟へも連続していく——と思われる——重要な問題枠組の一つが既にここで鮮明に提示されている」（笹倉一三頁）というのである。緑会論文を重視するという点では私の立場と異なるものではない。しかし、笹倉の議論では、丸山のなかできわめて重要なはずの社会と国家の区別が軽視されているように思われるのである。したがって、笹倉の議論は、私が重視する「国家―中間集団―個人」プロブレマティークからとらえる丸山像とは異なる。

笹倉は、丸山論文の「個人は国家を媒介としてのみ具体的定立をえ」るという部分を、『個人か国家か』の二者択一思考を克服する立場から、全ての個人があくまで社会的（ここでは国家内的）存在である（あるいは、であるべきだという）ことを明らかにし、かつ、そうした個人に自発的・主体的に支えられた国家とはどういう国家かを究明していく民主化の問題、主体的個人と民主国家との（民主主義的）自己同一性《イデンティテート》に結びつく問題である」（一四頁）、ととらえる。また、丸山の「しかも絶えず国家に対して否定的独立を保持するごとき関係に立たねばならぬ」という、先の部分に並置されている部分については、次のようにとらえられている。「社会的・政治的集団性に還元できない価値（＝国家を相対化する私的・内面的・文化的等々の価値）を認識し、各個人の、その担い手としての、また究極的には個体的存在としての、自立性・尊厳性を確認することに繋がり、それゆえ社会的・精神的ならびに政治的な自由主義の原理に結びつく問題である」（一四頁）、と。このように、笹倉は、「民主主義原理」と「自由主義原理」という二つの原理の、いわば対抗的相補性という観点から丸山の思想世界を読み込んでいくのである。[3]

笹倉の基本的発想には私も大いに共感するものではあるが、すでに引用したところにもみられるように、そこには国家と社会の区別への注意が足りないように思われるのである。笹倉の議論には、「丸山氏の諸作品を、自立的な政治主体の形成に向かって『個人』と『社会』（ないし政治・国家）の両項がどのように関係づけられているかという――古典的で、かつ政治社会に生きる我々一人一人にとって不断に考えていくべき課題でもある――問題を中心に考察する方向をとる」（三頁）とか、あるいは「『個人』と『社会』（ないし政治、国家）との相互媒介をめぐる以上のような丸山氏の思惟の枠組」（六七頁）といった、社会と国家をひとくくりにした記述が散見される。もちろん、そこには、個人と国家の関係と個人と社会の関係とのホモロジーを見出そうという狙いがあるだろう。とはいえ、社会と国家を明確に区別して議論をおこなわないと、丸山をとらえそこなうことになってしまおう。

丸山の緑会論文は、中世的国家観を否定して登場した個人主義的国家観を批判的にとりあげ、ファシズム的国家観はその個人主義的国家観の発展にほかならないものとしてとらえていた。私は、この議論は「国家―中間集団―個人」プロブレマティークによってとらえられるのではないかと考えている。

「個人は国家を媒介としてのみ具体的定立をえ」るという側面は、普遍的権力としての国家が中間諸集団の権力を否定することによってはじめて個人は解放される、ということにほかならない。とはいえ、そのままでは国家の強大な権力によって個人が圧倒されてしまう。そこで、中間集団＝

結社の再生が要請される。社会的諸力の葛藤、すなわち国家と再生された中間集団の葛藤のなかでこそ、個人の自由は保持されるのである。丸山が「個人は国家に対して否定的独立を保持するごとき関係に立たねばならぬ」としているのは、この後者の側面に相当する。このように、丸山の緑会論文の構図は、「国家―中間集団―個人」プロブレマティークによって読み解くことができる。普遍的権力としての国家が登場することによって〈中間集団の存続の問題性〉は解決され、中間集団の再生によって〈中間集団の不在の問題性〉が解決されるのである。〈中間集団の存続の問題性〉と〈中間集団の不在の問題性〉は一対の問題としてとらえられている。

ところが、日本の場合、丸山によれば、普遍的権力としての国家によって中間諸集団が解体されることなく、中間諸集団は個人をまるごと抱えたままである。そして、その中間集団は国家の下支えをしていた。ファシズム的国家観においては、国家と一体になるような中間集団のみがあって、個人の自由をうみ出す社会的諸力の葛藤を可能ならしめる中間集団＝結社は不在である。このとき、国家と諸個人は無媒介的に接触しているという構図になっている。したがって、ファシズム的国家観は個人主義的国家観の発展だと丸山がいうのも、うなずけるところである。まさに、日本においては、〈中間集団の存続の問題性〉と〈中間集団の不在の問題性〉がともに現出していることになる。〈中間集団の不在の問題性〉こそは、国家に対抗・葛藤しうる社会的力という問題に関わってくる。国家とは区別される、国家に対抗しうる力としての社会の側面から、問題性をとらえているのである。自立した諸個人によって結成される結社の不在という問題性にほかならない。丸山はこの問題性を、日清戦争後明治三〇年代の日本に即して、「個人的内面性に媒介されないところの国家主義」と「全く非政治的な、つまり星や菫花を詠い、感覚的本能的生活の解放に向うところの個人主義」との無媒介の併存としてとらえている(「明治国家の思想」(一九四九)集④八一頁)。このように、「国家―中間集団―個人」プロブレマティークからみるとき、国家と社会をひとくくりにはできないのである。ひとくくりにするというのは、病理を描写することである。したがって、それはけっして丸山の思想の表現ではない。すでに引用したところであるが、丸山は、「日本ではなぜ絶対主義的集中が国家と社会の区別を明確に定着させる――それがまさに絶対主義の重要な思想的役割であるのに――かわりに、かえって国家を社会に、逆に社会を国家に陥没させる方向に進んだのか」というのは、「現代にもつながるテーマ」であると考えていたのである(「忠誠と反逆」集⑧二七五―七六頁)。国家と社会の区別は、丸山の別の言葉でいえば、これまたすでにみた、政治的集中と政治的拡大の区別ということにも関わっているだろう(「国民主義の「前期的」形成」集②二六四―六五頁)。集中の不徹底は拡大の不徹底でもあり、この拡大契機の徹底によってこそ、自立した主体による結社の結成が推進されるはずである。

このように、丸山の議論を読み解くためには、国家と社会は明確に区別しなければならない。私は、この点を、「国家―中間集団―個人」プロブレマティークを解釈格子とすることによってみてきた。逆にいえば、丸山の学生時代の緑会論文を、のちに明確になると思われるようなプロブレマティークに引きつけすぎであるという見方も可能かもしれない。そのことはまた、丸山の思想発展の段階区分にはさほどこだわらないという私のスタンスとも関係があるだろう。とはいえ、これは思想の社会的文脈を無視しようということではない。丸山はその時々の課題に対して限定的な議論をしようとしている。私は、そうしたさまざまな問題史の背後にある問題設定の方をとらえようとしているのである。

5　おわりに——他者感覚を有した主体

丸山をデュルケムにひきつけてとらえる試みをしてきたが、もちろん、丸山とデュルケムとのあいだに違いがみられないなどと主張しようとしているわけではない。いちばん大きな違いは、他者感覚の問題であろう。同一性＝共同性／複数性＝公共性という軸でとらえるならば、デュルケムは前者、丸山は後者にあたる。この違いは、宇野のいう「自己相対化主体」に関わる問題でもある。この他者感覚を丸山が重視しているということは、私の丸山論においても強調してきたことであり、なぜいま丸山なのかという問いにも関わってくる重要な論点である。

本章では、主体の形成という論点については〈中間集団の存続の問題性〉という文脈で、そして〈中間集団の不在の問題性〉の文脈ではそうした主体たちがつくる結社の重要性について論じてきた。結社は、家族国家観に支えられた「半官半民的な擬似自主的な団体」や、「本来的に闘争集団であり権威性と凝集性を欠くことのできない政治団体」とは異なるものであり、他者感覚を有した主体たちがつくるものだといってよい。例えば明六社に集う知識人について、丸山は、「思想の自由市場での多様な世界解釈の競争に参加する」と述べているのである(「「文明論之概略」を読む(一)」(一九八六)集⑬四六頁)。

近代的主体＝自由なる主体は同時に他者感覚を有した主体でもあるという論点こそ、丸山の現代的意義の根底にあると主張してきたのが、私の丸山論にほかならない。丸山の自発的結社論も、この、他者感覚を有した主体に関する議論の一環としてとらえられるものである。そのことを、本章では、「国家―中間集団―個人」プロブレマティークとの関連でみてきたのである。

註

1 この用語は、丸山によって、自由な認識主体、倫理的な責任主体、秩序形成の主体という意味を併せ持ったものとされている(「日本の思想」(一九五七)集⑦二四二頁)。

2 笹倉の丸山論は、私がもっとも影響を受けてきた丸山論のひとつである。

3 笹倉の丸山読解の基本戦略は、丸山においては複数のモメント・極の「アンチノミーの自覚」あるいは「緊張関係」がきわめて重要である、というものである。

【文献】

苅部　直　二〇〇六『丸山眞男――リベラリストの肖像』岩波新書
笹倉秀夫　一九八八『丸山真男論ノート』みすず書房
宇野重規　二〇〇三「丸山眞男における三つの主体像――丸山の福沢・トクヴィル理解をてがかりに」、小林正弥編『丸山眞男論――主体的作為、ファシズム、市民社会』東京大学出版会

あとがき

本書は丸山眞男の現代的意義を明らかにしようとする試みではあるが、現代社会の諸問題を直接に対象としてはいない。現代の諸問題を素材にして丸山の議論の使い勝手のよさを主張しようとしたものではない。とはいえ、丸山の議論は現代における個人と社会の関係をも射程内におさめているという確信のもとに、丸山を読み込んできたのも確かである。

新国立競技場建設問題では、有力なアクターが何人かいたが、責任主体はどこにもいなかった。既成事実への屈服が現代の話でもあることを、この出来事は象徴的にあらわしている。政治家だけに限った話ではない。グローバリゼーションのいかんともしがたい力は、さまざまな形で押し寄せている。われわれは、こうした流れに日々翻弄されている。既成事実への屈伏をつづけている。そこには主体は存在しない。

また、現代の高度情報社会、ネット社会では、同質の情報のみに触れることになる。そして、狭量な意見が昂進する。ヘイトクライムと呼ばれるものも頻発している。不寛容の時代ともいわれる。そこには、自己相対化の契機はみられないし、他者が不在である。これは、ポピュリズムの問題とも関わっていよう。他者感覚の重要性の主張に改めて耳を傾けるべきではないだろうか。

もちろん悲観的な現象だけではない。

少し前のことになるかもしれないが、安保関連法案等の関連で、デモが盛んにおこなわれた。〈社会を変える〉とか〈社会をつくる〉ということにも注目が集まったように思われる。個人と社会の関係をめぐるこうした大きな問いを考えるにあたっても、丸山の議論は注目されてよいし、現に注目されたようである。安保関連法制への抗議行動で名を馳せた学生グループ「SEALDs（シールズ）」が発表した「日本の政治や歴史を学ぶための書籍」一五冊のなかには、丸山の選集が入っていた（「東京新聞」二〇一五年九月二七日朝刊）。（なお、これに関連して、書店が開催した「自由と民主主義」をテーマにしたブックフェアが中止を余儀なくされた事件についても、忘れてはならない。東京のある大手書店がブックフェアを開催したところ、ネット上で「偏っている」と批判され、一時中止した。この書店は、『自由と民主主義のための必読書50』のフェアタイトルの趣旨にそぐわない」として、「選書内容の見直しに入っている」とのことである（「朝日新聞」二〇一五年一一月七日朝刊）。その後、このフェアは、「今、民主主義について考える49冊」にタイトルを変更して、一一月一三日から再開されたとのことである。再開にあたっては、新しく入った書籍があれば、外された書籍もある（「朝日新聞」二〇一五年一一月一四日朝刊）。タイトルから「自由」が落ちていることも興味深い。）

このように、現代の諸現象・諸問題を念頭におきながらも、本書の焦点は、丸山が「近代」をいかにとらえようとしたかにあった。

丸山眞男は「近代主義者」というレッテルを貼られて、もう流行遅れとして扱われる。一九九六年の丸山の死の前後から著作集等が刊行されているが、それはしょせん一部の信者のものであって、今や先端の思想はずっと先に行っている、とみられているのではないか。しかし、本当にそうなのか？　流行遅れだとして片づけてよいのだろうか？　いやいやまだ流行は終わってはいない、といいたいのではない。流行かどうかなどは、どうでもよい。丸山から学ぶべきものはもうないのか、ということである。

たしかに、丸山眞男はいま流行しているとはいえない。戦後の五〇年間を半分に分け、前半を理想の時代、後半を虚構の時代と呼ぶ大澤真幸は、丸山を、理想の時代を象徴していたという位置づけをしている（大澤真幸 一九九八『戦後の思想空間』ちくま新書 五四頁）。このとらえ方によれば、現状を理念・理想との関連で欠如とみて批判していくという戦略は、理想の時代だからこそアピールするのであり、理想の時代が終焉を迎えつつあれば次第に魅力を失っていくことになる。その、理想の時代から虚構の時代への移行の時期が、一九七〇年前後なのである。また小浜逸郎も、戦後の五〇年間を二つに分け、その前半の二五年間について、次のように述べている。「この時期までに青年期を迎えた者の多くは、現実を超越しようというかれらに共通の志向性を、社会への参加というかたちで果たそうとしたのである。そのために、個人の生活や感性の直接的な世界と、それを超えたより大きな（不可視の）『全体社会』との間をつなぐ論理＝社会科学的な知が競って求められた。そしてその知の指し示す方向に自分の生き方を重ね合わせることに、情熱のはけ口を見いだしたのだった」（小浜逸郎 一九九五『オウムと全共闘』草思社、一四頁）、と。「ところが一九七〇年代のはじめの五年間に時代は大きく変容する」（一四頁）。一九七〇年前後に大きな変化をみるこれらの議論――「七〇年代の大きな転機」（一三頁）――は、丸山の流行（人気）の盛衰をとらえるのにはたしかに有効であろう。しかし、私が関心をもつのは丸山がなぜ流行したか、そしていかにその流行が終ったか、ということではない。理想の時代も虚構の時代もとっくに終焉してしまった今こそ、流行しているかどうかには関わりなく、丸山の意義をきちんとすくいあげることが大事なのではないか、ということなのである。

ここで、改めて、丸山に限らず思想一般の現代的意義ということについて考えておこう。

思想は、あるいは思想的営為は、時代の刻印を受けているということができよう。時代と切り結ぶことのない思想など、思想に値しない。時代の刻印ということは、その時代に生まれ成長しているからには時代から何らかの影響を受けているというような意味ではない。念頭にあるのは、時代の〈問題〉をどのようにとらえるかについてである。単純に考えて、時代の支配的な考えに、あるいは権力者に〈問題〉を見る者と、そうしたスタンス・立場に逆に〈問題〉を見る者とがあろう。

たとえば、フランス一九世紀末のドレフュス事件を例にとろう。ドイツのスパイ容疑で逮捕されたフランス陸軍砲兵隊長のユダヤ人ドレフュスをめぐって、ドレフュスの冤罪を訴えて立ち上がったドレフュス派の人々とそれを批判した反ドレフュス派の論争がおこった。本書で丸山を位置づける解読格子のひとつとして言及したデュルケムも、ボルドー大学教授の職にあったとき、ドレフュス派の一人としてドレフュス擁護のための論陣を張った。そして、「個人主義と知識人」という論文を書いた。デュルケムの主張はこうである――。反ドレフュス派は、ドレフュスを擁護して個人主義を鼓吹する知識人こそがフランス国家の分断を招き危機に陥れていると主張するが、冤罪のドレフュスを逮捕する反ドレフュス派こそが、フランスという国をまとめあげる原理となっている個人主義を冒瀆することによって、フランスという国そのものを危うくしている、とデュルケムは反論した。ここでデュルケムが主張している個人主義というのは、彼自身は「道徳的個人主義」とも呼んでいるものである。それは、人間的人格の尊重を意味するものである。個人化が進展した今、人びとはそれぞれの観点から世界をみており、人びとのあいだの共通性を確保するのは、各人がみな人間的人格ということだけしかない。この「道徳的個人主義」こそが、今後、フランスという国を支える唯一の原理となる、という主張である。デュルケムは、当時の国家や軍隊を支える人々に対抗して、国を支える原理が何であるかを論じたのである（中島道男二〇〇一『エミール・デュルケム――社会の道徳的再建と社会学』東信堂、一七一―一九頁、六二―六四頁を参照）。

この例からいえることは、その時代の支配的な思想あるいは権力者を正当化するものと、それを批判するもの、という二つの立場があるということである。丸山の近代的主体の主張は、正当化する／批判するという対の後者に属するだろう。

では、このように時代の刻印を受けながら紡がれた思想のその効果については、どのようにとらえたらよいのだろうか。ここでは、思想の効果を、時代を超えるもの／超えないもの、という対比でとらえておこう。この二分法は、〈問題〉をとらえるとらえ方、あるいはとらえた〈問題〉の射程が時代を超えるかどうか、という観点からの区別である。要は、〈問題〉のとらえ方が深いかどうか鋭いかどうか、という観点である。

丸山は、このような意味でいえば、時代を超える〈問題〉を抉り出していたのではないだろうか。時代を超えているのであって、流行かどうかなどは関係ないのは当然なのである。時代を超える〈問題〉を抉りだしているというのは、言葉を換えていえば、丸山は〈古典〉であるということであろう。〈古典〉としての丸山。

では、いかにして〈古典〉たりえたか？　それは、時代を超える〈問題〉を抉りだしていたからであった。では、時代を超える〈問題〉とはどのようなものか？

「はしがき」でも言及した、丸山の「思想史の考え方について」（一九六一）という論文をもう一度参照することにしよう。「到達した結果だけから判断する」読み方――「アリストテレスは偉かったけれども量子力学を知らなかった点に限界があった」という読み方になるとされた――を批判して、丸山は次のようなスタンスを推奨していた。――「その時にどういう問題があったか、またなかったか、そしてその問題にはその当時に同時代がどれだけの幅で、どれだけの深さで答えていたか、が問題なのであって、そういう歴史的文脈のなかで比較してはじめて、ある思想家の相対的な『独創性』とか、あるいは相対的なマイナス面とかを論ずることができます」（集⑨七七頁）。この丸山の主張で気になるのは、「その時にどういう問題があったか、またなかったか」という部分である。ここで、丸山は、問題はあらかじめ存在している（存在していない）ものととらえているように思われるのである。問題はすでにあるか、まだないかだ、ととらえられているのである。しかし、〈問題〉は、何を〈問題〉ととらえるかによって発見されるもの、より正確に言えば〈問題〉として構成されるものではないだろうか。

丸山を少しばかり修正した、うえの議論を踏まえていえば、丸山が構成した〈問題〉は深さにおいても幅においても時代を超えていたということができるのではないか。であるからこそ、現代のわれわれが問題をとらえるにあたっても、丸山の〈問題〉のとらえ方は、時代を超えて有効なのである。〈古典〉とはそういうものなのである。

丸山に、「近代主義者」「戦後啓蒙主義者」等々のレッテル貼りをして済ませてはならないのである。日本の「近代」を問うた丸山、日本の「近代」についての自己認識を課題とした丸山の意義は今なお失われていない。

本書の第四章と第五章は、「デュルケムにおける「国家―中間集団―個人」プロブレマティーク」(『日仏社会学年報』第二六号、二〇一五年、日仏社会学会)がもとになっている。この論文のうち丸山に関連した部分を独立させ、大幅に加筆したものが第五章である。そのほかの章はすべて書下ろしである。

前作のアレント論につづき、今回もまた東信堂にお世話になった。「次作」を期待していただき、励ましていただいた下田勝司社長に、厚くお礼を申しあげたい。

二〇一八年五月

中島道男

著者紹介
中島道男（なかじま　みちお）

1954年　島根県生まれ
1977年　京都大学文学部卒業
1981年　京都大学大学院文学研究科博士課程中退
現在　奈良女子大学文学部教授
専門は理論社会学・社会学史
著書に『デュルケムの〈制度〉理論』(恒星社厚生閣、1997年)、『エミール・デュルケム――社会の道徳的再建と社会学』（東信堂、2001年)、『バウマン社会理論の射程――ポストモダニティと倫理』（青弓社、2009年)、『ハンナ・アレント――共通世界と他者』（東信堂、2015年)、翻訳書にバウマン『廃棄された生』（昭和堂、2007年）など。

丸山眞男――課題としての「近代」

2018年8月31日　初 版　第1刷発行　〔検印省略
定価はカバーに表示してあります

著者©中島道男／発行者 下田 勝司　印刷・製本／中央精版印刷

東京都文京区向丘1-20-6　郵便振替 00110-6-37828
〒113-0023　TEL (03) 3818-5521　FAX (03) 3818-5514
発行所 株式会社 東信堂

Published by TOSHINDO PUBLISHING CO., LTD.
1-20-6, Mukougaoka, Bunkyo-ku, Tokyo, 113-0023, Japan
E-mail : tk203444@fsinet.or.jp　http://www.toshindo-pub.com

ISBN978-4-7989-1516-6　C3036

〒113-0023　東京都文京区向丘1-20-6　TEL 03-3818-5521　FAX03-3818-5514　振替 00110-6-37828
Email tk203444@fsinet.or.jp　URL:http://www.toshindo-pub.com/